BIBLIOTHÈQUE DES CHERCHEURS ET DES CURIEUX

MAURICE GRIGAUT

Que faut-il savoir

de la

SOCIÉTÉ DES NATIONS?

Qu'est-elle ? Qu'a-t-elle fait ?
Que peut-on en attendre ?

LIBRAIRIE DELAGRAVE

PARIS — 15, RUE SOUFFLOT — PARIS

Que faut-il savoir

de la

Société des Nations ?

8° E*
1554

7 MAI 1920
DÉPOT LEGAL
S.N. VOLUMES
A09854

PUBLICATIONS DU MÊME AUTEUR

LIBRAIRIE DELAGRAVE

Législation civile et commerciale, par Martel et Cohendy, revue et augmentée par M. Grigaut (6e édition).

Droit commercial, par Boitel et Foignet, revu et augmenté par M. Grigaut (15e édition).

Économie politique, par Martel et Grigaut (9e édition).

Législation ouvrière, par Cohendy et Grigaut (9e édition).

LIBRAIRIE ARMAND COLIN

Les Travailleurs et les œuvres sociales. Préface de Léon Bourgeois.

BIBLIOTHÈQUE DES CHERCHEURS ET DES CURIEUX

Maurice GRIGAUT

PROFESSEUR A L'ÉCOLE NATIONALE D'ARTS ET MÉTIERS
ET AUX ÉCOLES DE COMMERCE

Que faut-il savoir

de la

Société des Nations ?

Qu'est-elle ?
Qu'a-t-elle fait ?
Que peut-on en attendre ?

> Mal connaître la Société des Nations, c'est se laisser aller à son égard soit aux illusions, soit à l'indifférence. Les illusions seraient dangereuses, mais l'indifférence est plus dangereuse encore : si vous voulez la paix, préparez la paix.

PARIS
LIBRAIRIE DELAGRAVE
15, RUE SOUFFLOT, 15
1928

POUR L'ÉTUDE DES **MANDATS** ET DES **CONFLITS**

Tous droits de reproduction, de traduction et d'adaptation réservés pour tous pays.

Copyright by Librairie Delagrave. 1928.

AVANT-PROPOS

Ce livre doit débuter par un hommage et par un regret. L'idée première en est due à un homme qui, bien avant la Guerre, a en toute circonstance montré au monde la face loyale de la France pacifique. Dans les Conférences de la Paix tenues à la Haye, M. Léon Bourgeois avait joué un rôle prépondérant, et, à la suite d'une procédure d'arbitrage terminant un conflit, il avait pu dire : « La Société des Nations est née ! » Quand, officiellement, la Société des Nations commença son œuvre, il y fut le représentant de la France, entouré de la confiance et de la vénération de tous ceux qui, à Genève, travaillaient à la paix. Obligé par la maladie de renoncer à sa mission officielle, il voulait continuer autrement son apostolat pour la doctrine de la solidarité et, au cours de certains travaux, il avait encouragé l'auteur de ces lignes à publier sur la Société des Nations une étude qui la fît connaître surtout à ceux qui, disait-il, pouvaient en être les plus sûrs appuis : les travailleurs et les jeunes gens. De cette étude, il indiquait l'esprit désirable et les grandes lignes. Seul, il était capable de lui donner l'élévation nécessaire : mais, quand il a été enlevé par la mort, nous nous sommes promis d'essayer, non de réaliser l'œuvre que seul il pouvait faire, mais, du moins, d'éclairer sur la Société des Nations ce grand public auquel il pensait lorsqu'il disait : « Il faut que du foyer ardent des âmes simples et sincères montent, sans cesse, vers les froides régions que glacent les intérêts et les passions, la chaleur et la vie ».

Nous n'écrivons pas ces pages en vue de faire à tout prix une apologie de la Société des Nations : nous avons trop le souci de la vérité, le respect du public et l'habitude de l'enseignement, pour ne pas chercher à composer une œuvre qui, dans sa simplicité, ait un caractère scientifique, c'est-à-dire qui ne cherche ni à exagérer les résultats, ni à dissimuler les obstacles. Mais ayant, comme bien d'autres sur ce sujet, passé par la connaissance très superficielle, par la foi un peu instinctive née de l'espoir d'une vie internationale moins tourmentée, puis par le découragement qui suit, au moins un temps, le retard dans la réalisation de certains grands désirs, nous sommes arrivé après une longue période d'étude minutieuse, à deux convictions. La première est que la Société des Nations — qui peut être appelée, comme toute œuvre, à évoluer dans sa composition, dans ses organismes, dans ses méthodes — est la seule grande force de paix par la justice capable, sinon de supprimer, du moins de diminuer les maux si longtemps attachés à la vie internationale. La seconde conviction est que chacun a le devoir de la connaître pour la comprendre, pour la juger, pour la suivre dans son histoire de demain — son histoire de laquelle dépendra en grande partie la vie des peuples, donc la nôtre — et il faut la connaître pour que partout elle soit aidée par une opinion publique réfléchie, agissante.

On laisse entendre de divers côtés qu'il y a de la candeur à croire que les peuples ne seront pas divisés entre eux demain comme ils l'étaient hier — comme ils le sont encore aujourd'hui en tant d'endroits. — Si c'est être naïf d'avoir cet espoir, on verra au cours de ces pages que c'est être ignorant ou injuste de ne pas se rendre compte de ce que la Société a déjà réalisé ; et d'autre part, comment ne pas voir qu'il n'y a dans le monde en dehors d'elle aucune institution susceptible de rapprocher peu à peu les nations dans la paix, par la compréhension de leurs devoirs et de leurs vrais intérêts, par le développement en elles de la confiance réciproque, par la collaboration aux œuvres d'humanité, et que tout cela peut seul préparer les apaisements sincères et durables ? S'il y a une chance d'empêcher l'épouvantable catastrophe que serait une nouvelle guerre elle est là.

Elle est là, mais à condition que les masses apportent à l'œuvre l'appui de leur sympathie et de leur volonté. Et c'est pourquoi ce livre a été écrit. S'il répond à ce que nous nous sommes proposé, il éclairera ceux qui jusqu'ici ne connaissent guère de la Société des Nations qu'un titre, que quelques notes brèves insérées à une page quelconque des journaux, notes sans intérêt pour qui ne sait pas exactement ce qu'est l'institution. Nous nous adressons plus particulièrement aux travailleurs, auxquels on doit une étude raisonnée sur ce sujet (comme sur tous les sujets) ; aux maîtres de l'enfance et de la jeunesse qui, par leurs commentaires, peuvent faire tant de bien ; — et, naturellement, aux jeunes gens et aux jeunes filles : ce n'est pas, principalement, parce que la question de la « Société des Nations » entre peu à peu dans les programmes, mais, avant tout. parce que c'est de la force morale de la Société, de ses résultats, que leur avenir dépendra en grande partie. Ils apprennent l'histoire des guerres : ils verront ici comment débute ce qui sera peut-être l' « histoire de la paix » — de la paix qui seule peut permettre à chaque patrie de travailler en vue de son mieux-être matériel et moral et du progrès commun, sans rien sacrifier de son esprit particulier, de son âme, ni de ses droits.

PREMIÈRE PARTIE

CE QU'EST LA SOCIÉTÉ DES NATIONS

CHAPITRE PREMIER

CONNAITRE LA SOCIÉTÉ DES NATIONS POUR LA BIEN JUGER ET POUR L'AIDER

Si dans les terribles années qui s'écoulèrent de 1914 à 1918 on avait demandé à ceux qui combattaient quel était leur plus grand désir — avec celui de voir triompher le Droit — la plupart auraient sans doute répondu : « C'est que cette guerre soit la dernière ; c'est qu'elle établisse, autant qu'il est humainement possible, une paix définitive ; c'est que les générations qui viendront ne soient pas hantées par un cauchemar tel que celui qui traverse notre vie ! »

A ce désir immense, presque universel, de la paix, a répondu, sous l'impulsion d'esprits élevés, sous la forte poussée de l'opinion, la formation d'une union de gouvernements, de peuples : la constitution de la « Société des Nations ». Instinctivement, les foules furent confiantes dans l'œuvre créée pour la paix. Mais elles en attendaient des résultats immédiats et complets, et, comme aucun effort humain ne produit de miracles, en beaucoup de milieux, on se prit à douter, en d'autres, l'indifférence se répandit.

Or, dans cette question du maintien, de l'organisation de la paix, où il s'agit de savoir si l'on peut chercher à éviter quelque catastrophe qui, brusquement, bouleverserait l'existence de nos pays, l'existence de chacun de nous, le doute irréfléchi et l'indifférence ne présentent pas moins de dangers que n'en présenteraient les illusions : la Société des Nations — toute grande œuvre de paix, quelle qu'elle soit, — a besoin de nous, besoin de l'opinion publique agissante pour aboutir.

Dans quelles conditions a débuté la Société des Nations. — Il est sans doute facile de critiquer la Société des Nations dans la composition de tels de ses organismes, de relever des circonstances où elle n'est pas intervenue, d'autres où elle n'a pas réussi. Il n'est que trop vrai que son action ne s'étend pas à tous les peuples, que de très grands restent en dehors d'elle ; qu'elle n'a pas encore assuré pour l'avenir la paix du monde ; que, en particulier, elle n'a pas encore trouvé les moyens d'amener le désarmement. Et l'on comprend les impatiences de ceux qui ont souffert et de ceux — de celles — qui craignent.

Mais voulons-nous bien ne pas oublier quelques faits ?

Que depuis des milliers d'années, la guerre étend ses ravages et que la Société des Nations ne fonctionne que depuis 1920 ;

que le monde où elle a fait ses débuts sortait du plus terrible des conflits ;

que, malgré tous les efforts pour introduire dans les traités la justice, le respect des droits, il avait été impossible de régler le sort des peuples à la satisfaction de tous les intéressés ; qu'à cette heure « de jeunes nations à peine affranchies d'un joug séculaire, travaillées par d'ardentes rivalités et partiellement mélangées entre elles sur leurs territoires respectifs, multipliaient les problèmes posés » (POINCARÉ) ;

que les peuples, surtout les plus grands, sortaient de la tourmente plus pénétrés que jamais de leurs intérêts nationaux, dominés par un égoïsme qu'ils déclaraient sacré ;

que la guerre continuait de sévir même après l'armistice de 1918, même après le traité de Versailles ; qu'on se battait en Syrie, en Asie Mineure, et, en Europe, entre Grecs et Turcs, entre Roumains et Hongrois, entre Polonais et Russes ;

que des différends surgissaient dans l'Europe centrale et dans l'Europe méridionale entre des alliés de la veille ; et que c'est, ici, dans la tempête, ailleurs au milieu des amertumes, des convoitises, qu'a commencé l'œuvre de paix ?

Voulons-nous nous rendre compte de ce qu'il y avait de nouveau — de révolutionnaire — dans la création nouvelle ? Au lendemain de la guerre, les puissances de l'Entente s'engageaient à faire régner la justice ; elles appelaient à collaborer avec elles à cet effet les nations, les grandes et les petites, qui prendraient le même engagement, telle disposition de leur Pacte permettant d'entrevoir l'heure où les Etats vaincus pourraient entrer dans la Société.

« Sur un cadran solaire du moyen âge, dit Léon Bourgeois, on lit : « L'heure de la justice n'est jamais « marquée au cadran de ce monde ». Voilà le cri de douleur et de désespoir qui monte vers nous du fond du passé. Il ne faut pas que cette parole de douleur soit une vérité. En ce monde, si nous savons le vouloir, l'heure de la justice a sonné ! »

Évitons les conceptions simplistes. — Des gens qui ne connaissent qu'un peu l'œuvre de la Société des Nations l'apprécient sans justice quand ils se bornent à signaler ce qu'elle n'a pas réalisé, et, notamment, qu'elle n'a pas encore préparé la fin des guerres Mais veut-on considérer, — en plus de ce qui précède, — l'immensité du résultat à obtenir ? Combien a-t-il fallu de siècles avant que les hommes soient arrivés à ne plus trancher leurs différends individuels par la force ? Etablir vite la justice et la paix entre les peuples : est-il tellement facile d'y atteindre dans nos simples rapports sociaux ? Comment oublier qu'il y a dans le monde une centaine d'Etats séparés par les distances, par les souvenirs, par les intérêts, par le langage, par l'état d'esprit [1] ? La Société des Nations compte plus de cinquante Etats : croit-on qu'il soit si simple de les amener à faire toujours œuvre commune, alors que les grands ont des intérêts en de multiples points du globe et que les petits tiennent jalousement à ne pas être ou à ne pas paraître à la remorque des autres ?

Le progrès de l'œuvre de paix. — Or, malgré tous ces obstacles, *la Société a duré*, elle a *grandi*. Par sa composition, elle s'étend à toute l'Asie sauf la Sibérie, la Turquie et quelques petits pays ; à toute l'Afrique, excepté l'Egypte ; à toute l'Amérique du Nord et du Sud, sauf les Etats-Unis, le Mexique et l'Equateur ; à presque toute l'Océanie ; à toute l'Europe sauf la Russie. En Asie, en Afrique, en Océanie, de vastes territoires et de nombreuses populations sont gouvernés en son nom et sous son contrôle. Des groupements de minorités, comprenant des millions d'individus répartis dans toute l'Europe, sont placés sous sa protection, ainsi que des régions d'Europe. On verra combien de services elle a rendus et rend par ses œuvres humanitaires ; on verra enfin que, dans plusieurs circonstances, elle a empêché des désaccords de dégénérer en des luttes à main armée — des luttes locales, mais susceptibles d'entraîner de grandes guerres : n'oublions jamais qu'un simple incident en juin 1914 amena une guerre mondiale !

1. Souvenons-nous que si un petit pays de trois millions d'habitants comme la Suisse est arrivé à une forte unité, malgré les différences de races, de langues, de religions et d'intérêts, il a fallu des siècles pour y atteindre. — (En passant, signalons qu'à ces titres, et par la constitution de cette unité qui n'empêche pas les divers cantons de conserver leurs caractères particuliers et l'autonomie nécessaire, la Suisse — siège de la Société des Nations — offre à celle-ci un remarquable exemple de ce que peut être une union de populations en vue d'un intérêt supérieur.)

CHAPITRE II

LES RAISONS D'ESPÉRER QUE LES GUERRES FINIRONT
(ET LES RAISONS DE CRAINDRE...)

Des guerres de diverses natures ont pris fin. — On dit souvent : « Il y a toujours eu des guerres, donc il y en aura toujours ! » Le raisonnement est-il irréfutable? Si l'on avait dit aux contemporains de Charles IX qu'il n'y aurait plus de guerres de religion ils ne l'auraient pas cru, et pourtant de telles guerres ont disparu depuis longtemps. Pendant des siècles, des provinces d'une même région se sont battues, mais il y a bien des années qu'il n'en est plus ainsi ! Pourquoi les guerres entre peuples ne finiraient-elles pas également, comme ont disparu à peu près complètement les sacrifices humains et l'esclavage ?

N'oublions pas, d'autre part, que, longtemps, aux désaccords entre les individus il n'y avait d'autre solution que le recours à la force ; que l'histoire des rapports entre les hommes était souvent celle du loup et de l'agneau, et que, si notre société contemporaine est loin de la perfection, nous n'en sommes plus à ne compter que sur nos armes pour défendre nos droits !

Les leçons de la dernière guerre. — On pourrait dire d'elles ce que disait Bossuet des événements amenés par la volonté divine : elles ont été « de grandes et terribles leçons ».

Une première est le danger des armements sans cesse accrus. Depuis 1871, on appliquait, dans les grands États surtout, la méthode séculaire qui, conformément à la maxime antique : « Si tu veux la paix, prépare la guerre », par les alliances, par l'augmentation des moyens de défense, devait, on l'espérait, empêcher la guerre par les risques à courir. Or, par la course aux armements, c'est inévitablement vers le conflit armé que l'on se précipite : les préparatifs des uns amènent ceux des autres, c'est à qui dépassera l'autre, jusqu'au moment où l'un des deux jugera ne pas pouvoir et ne pas devoir continuer plus longtemps...

Une seconde leçon est dans les conséquences épouvantables d'une guerre contemporaine, pour les vaincus, mais aussi — nous sommes bien placés pour nous en rendre compte ! — pour les vainqueurs : pensons à nos 1.500.000 tués, à nos centaines de milliards de dettes !

Enfin, un troisième enseignement est qu'il faut prendre garde au moindre conflit : le monde contemporain est tel qu'un incident local est susceptible de l'entraîner presque tout entier dans la guerre.

Et cela nous amène à entrevoir un caractère fondamental de la vie sociale : la solidarité, de plus en plus grande, envers les diverses parties de l'univers, solidarité constituée par une multitude d'éléments, de liens, qui font du sort de chaque pays, en grande partie, le résultat de ce qui s'accomplit ailleurs : comme pour les individus, l'erreur des peuples — et le danger pour eux — seraient de se croire seuls. Il faut souhaiter que l'éducation, que la réflexion montrent de plus en plus cette interdépendance des parties de l'humanité.

La solidarité entre nations : la solidarité bienfaisante. Depuis que l'humanité existe, les humbles ou glorieux efforts ont lentement, péniblement et de partout, constitué l'ensemble de matériaux, de petites ou de grandes améliorations que nous appelons le progrès. S'il existe entre les hommes des premiers temps et nous des différences, dans la vie matérielle, intellectuelle et morale, c'est parce que les générations, à travers tous les obstacles dressés par la nature, par l'ignorance, par l'égoïsme, par la méchanceté, ont ajouté quelque chose à ce qu'elles avaient reçu et la « poussière des tombeaux » a été féconde. A cet ensemble du capital social, chaque peuple a apporté une part, plus ou moins grande, mais réelle. Que des nations aient eu un rôle particulièrement important, elles ont, à la fois, le droit d'en être heureuses, parce que les services rendus par elles ont été plus grands, et le devoir d'en faire profiter l'humanité parce qu'il en est des peuples comme des individus : plus ils sont riches et instruits, plus ils ont tiré parti de la vie sociale et plus ils ont d'obligations envers les moins favorisés.

Collaboration des nations — surtout, naturellement, des plus avancées en progrès — : elle est telle que, dans bien des cas, par exemple, ou nous ne savons pas à quel peuple nous devons une amélioration, une invention, une idée, ou nous constatons qu'elles viennent de pays différents. Ainsi, qui pourrait attribuer à sa seule nation le mérite exclusif des applications de la vapeur, de l'électricité ? Qui pourrait méconnaître que l'agriculture de notre temps doit une culture nouvelle à un peuple, un procédé à un autre ? Qui, dans une industrie, n'entrevoit que la multiplicité des fabrications, des innovations, est le résultat d'efforts de partout ?

Dès l'école primaire, l'enfant comprend peu à peu cette grande vérité : que l'individu a son sort lié à celui de la collectivité ; qu'il bénéficie ou qu'il souffre de ce que sont ou de ce que font les autres. Il le constate d'abord en ce qui concerne sa famille, ses camarades; on lui apprend à le reconnaître pour des milieux plus étendus et qu'il a pu croire sans influence sur lui : que ceux avec lesquels la vie le met en rapport soient bons ou méchants, aimables ou brutaux, honnêtes ou déloyaux et, en grandissant, il comprendra que son bien-être, sa tranquillité, ses joies, ses peines, dépendent dans une certaine mesure d'autrui. Soldat, citoyen, — contribuable, — travailleur, il s'apercevra de l'influence qu'exerce sur sa condition la situation de son pays, et dans l'heure tragique où éclate la guerre, il sent que l'honneur, la liberté de sa patrie dépendent en grande partie de ce que feront ses compatriotes et lui-même.

Mais que notre intelligence nous amène à voir plus haut et plus loin encore. Ce n'est pas seulement dans les siècles disparus que l'on constate la collaboration des peuples à la vie de chacun : ne la trouvons-nous pas dans notre propre vie à chaque instant ? Le cultivateur d'un pays vend ailleurs une partie de ses produits et, directement ou indirectement, en achète d'autres, à des étrangers. Avec l'augmentation de nos besoins, avec la multiplication des moyens de communications, par les chemins de fer, l'aviation, la marine, le téléphone, la télégraphie sans fil, les contacts se multiplient : le monde en quelque sorte se resserre et les ignorances entre peuples, les préventions, ne peuvent plus, logiquement, se continuer.

La solidarité menaçante. — A cause de nos besoins, matériels et intellectuels, nous ne pouvons nous passer des autres peuples et le vers du sonnet célèbre de Sully Prudhomme :

Nul ne peut se vanter de se passer des hommes

prend toute sa portée pour qui réfléchit.

Mais voici une autre cause pour 'aquelle ce qui se fait hors de nos frontières ne saurait nous être indifférent C'est que la sécurité de notre patrie ne dépend pas seulement de ses citoyens : elle est, dans une certaine mesure, à la merci de ce qui survient de la part de tel autre pays. Il ne suffit pas à une nation de vouloir la paix pour la conserver : il faut que les autres la veuillent aussi. Qu'il y ait contre elle des intérêts, des amertumes, des haines ; qu'ailleurs, pour une cause ou une autre, on pousse à la guerre contre elle, et il ne lui restera qu'une ressource : se défendre. — Faut-il en chercher bien loin des exemples ?...

Bien plus : à mesure que les liens créés par le développement des moyens de communication, par l'extension des intérêts dans le monde entier, deviennent plus nombreux et plus forts, il suffit d'un incident, de faible portée en soi, en quelque point que nous ne savons pas même situer sur la carte, pour qu'un conflit particulier aboutira à une mêlée universelle : qu'en juin 1914, un prince autrichien soit tué dans un coin des Balkans, et pendant quatre ans, les huit dixièmes de la population du globe vont être engagés dans la guerre !

Quand on hausse les épaules en lisant que la Société des Nations essaie de mettre fin à quelque différend entre pays lointains, oublie-t-on la terrible leçon ? Qui sait où demain peut naître le germe de guerre ? Sur la rive d'un grand fleuve historique voisin, dans quelque bourgade inconnue, près d'une région pétrolifère de l'Asie ou d'ailleurs, sur la côte d'une mer dont la maîtrise est convoitée ou dans quelque colonie ?...

Aveugle qui ne voit pas la redoutable solidarité des parties du globe ; et coupable, il faut bien le dire, en attendant qu'il soit victime, celui qui resterait passif à l'égard de la seule institution actuellement capable d'essayer de réunir tous les peuples pour le maintien de la paix !

CHAPITRE III

L'IDÉE DE PAIX AVANT 1914

Ce n'est pas diminuer le mérite des créateurs de la Société des Nations que de montrer les tentatives et les projets antérieurs d'unir des Etats pour établir la paix et la sécurité.

Avant le 19ᵉ siècle. — Dans la Grèce antique, des villes dont chacune était un petit Etat se réunirent en un *groupement* ayant pour centre Delphes, la ville du célèbre oracle. L'empire romain constitua pendant plusieurs siècles une grande organisation où régnait « *la paix romaine* ». A sa destruction sous la poussée des Barbares, il y eut une longue et douloureuse anarchie; puis l'Eglise catholique s'efforça de créer une *union entre les nations chrétiennes*, pendant que certains de ses théologiens exposaient leurs critiques contre la guerre. Mais peu à peu, les Etats brisèrent tous les vestiges d'unité qui restaient et « la raison d'Etat » devint ou redevint la cause de guerres. Toutefois, le spectacle des maux engendrés par les luttes amena des philosophes et des politiques à concevoir des mesures propres à les diminuer et on eut ainsi des projets de paix perpétuelle: de Henri IV, au 18ᵉ siècle, de l'abbé de Saint-Pierre, de Rousseau, de Kant — qui se servit le premier de l'expression : « Société des Nations » —, de membres de l'Assemblée Constituante.

Une « Société de Souverains » en 1815. — Faut-il rappeler, malgré la différence des états d'esprit entre les vainqueurs de Napoléon et les auteurs du traité de Versailles, la *Sainte-Alliance de 1815* ? Les souverains de Russie, d'Autriche et de Prusse déclaraient s'unir afin « de se rendre réciproquement service, de se témoigner par une bienveillance inaltérable l'affection mutuelle ». Ils convenaient de se réunir en *Congrès* à des époques déterminées pour étudier « les grands intérêts communs et les mesures qui, dans chacune de ces époques, seraient jugées les plus salutaires pour le repos et la prospérité des peuples et pour le maintien de la paix en Europe ». Et quelles que fussent les arrière-pensées, il y avait bien là une tentative « pacifiste » et comme l'ébauche d'une organisation des Etats-Unis d'Europe. Et le résultat ne fut pas sans importance : pendant les quarante années que suivirent il n'y eut pas de grande guerre en Europe !

Conférences de la Paix. — Il faut donner un souvenir à un projet de paix entre les peuples que conçut l'empereur Napoléon III, d'ailleurs entraîné par des causes diverses dans des guerres, et on arrive à la période qui suit 1870. En présence des conflits dans les Balkans, des menaces de conflits ailleurs, des armements sans cesse accrus et des alliances qui se formaient, des voix s'élevaient, soit pour prévenir la catastrophe imminente, soit, du moins, pour en diminuer les horreurs. En divers pays, des associations se formaient à cet effet, et les gouvernements, sur l'initiative de l'empereur de Russie, tenaient à la Haye, en 1899 et en 1907, deux *Conférences de la Paix.* Les graves questions en présence desquelles se trouve la Société des Nations y furent posées : limitation des armements, arbitrage, et il faut rendre à la France cette justice qu'aucun des 26 Etats qui participèrent à la première conférence, aucun des 46 Etats qui furent représentés à la seconde, ne montra plus qu'elle la volonté d'adopter les mesures de justice et de paix. — Des oppositions empêchèrent d'aboutir sur bien des points ; du moins on institua une *Cour permanente d'arbitrage* et la convention suivante fut votée : « Les puissances considèrent comme un devoir, dans les cas où un conflit aigu menacerait d'éclater entre deux d'entre elles, de leur rappeler que la Cour permanente leur est ouverte ». En 1907, on admit le principe de l'arbitrage obligatoire — mais il fallut se résoudre à ne l'envisager que pour les différends « relatifs à l'interprétation et l'application des conventions internationales ». C'était laisser de côté les causes les plus dangereuses des conflits ! Toutefois, n'oublions ni ces ébauches du Droit entre nations, ni le fait que, de 1899 à 1914, deux cents conventions d'arbitrage ont été signées ; ni la solution pacifique par l'arbitrage de différends : entre les États-Unis et l'Angleterre ; entre l'Angleterre et la Russie ; entre la France et l'Allemagne (1908), (des déserteurs allemands de la légion étrangère accueillis par les agents consulaires allemands de Casablanca et arrêtés malgré cette intervention par des soldats français).

N'oublions pas surtout ces paroles du ministre anglais Gladstone disant, après que l'Angleterre venait d'être condamnée par les arbitres à payer une indemnité aux États-Unis :

> « Cette blessure d'amour-propre pèse un grain de poussière dans la balance, comparée à la valeur morale de cet exemple : deux grandes nations, parmi les plus fières et les plus sensibles au sentiment patriotique, venant de bon gré devant un tribunal loyalement choisi plutôt que de s'en rapporter au jugement de l'épée ! »

CHAPITRE IV

LA FONDATION DE LA SOCIÉTÉ DES NATIONS

Pendant la Guerre : efforts pour organiser la paix dans l'avenir. — A mesure que se prolongeait, que s'aggravait le grand drame, en divers pays on cherchait par quels moyens la paix pourrait être consolidée lorsqu'il aurait pris fin. A cet effet, des associations se créaient ou se fortifiaient : en France, l'Association pour la Société des Nations ; en Angleterre, deux groupements ayant le même objet ; aux Etats-Unis, la « Ligue pour assurer la paix », ayant à sa tête l'ancien président de la République, M. Taft. Les gouvernements des deux derniers pays proposaient la création d'une Société des Nations. Ceux de la Suède, de la Norvège et du Danemark avaient formé une commission qui rédigea un avant-projet de « Convention relative à une organisation pacifique internationale ». Le gouvernement suisse prépara l'avant-projet d'un « Pacte fédéral de la Ligue des Nations ». La grande idée s'étendait en même temps qu'elle se précisait.

Les premières conséquences de la guerre. — Quelles constatations ! Plus de dix millions d'hommes tués, des millions de personnes mortes des suites de leurs souffrances et de leurs privations, mille milliards de dépenses, des ruines de toutes sortes; des peuples engagés dans le conflit, tout entiers — et non plus comme jadis chez chacun d'eux, seulement quelques dizaines de milliers d'hommes — ; des millions de familles brisées : si une telle expérience de douleurs et de misères ne réussissait pas à entraîner des efforts pour prévenir d'autres guerres, si on ne cherchait pas à réaliser le vœu de tant de morts espérant que du moins leur sacrifice servirait à en empêcher d'autres, c'était à désespérer de l'humanité !

Nécessité de l'union pour appliquer les traités. — D'autre part, si l'on considérait divers aspects du monde bouleversé, la nécessité d'une union internationale apparaissait.

En juin 1919, les représentants des puissances alliés signaient à Versailles le traité de paix avec l'Allemagne : traité en 440 articles où l'on s'est efforcé de déterminer les grandes lignes du règlement des questions que la guerre a posées. Ils ont essayé de constituer l'Europe selon une plus grande justice. Tâche immense et sans précédent ! Des territoires, — des populations, — à répartir politiquement d'après cette conception ; des nationalités, asservies depuis plus ou moins longtemps, à libérer ; des réparations à prévoir pour les peuples qui ont le plus souffert. Et que de difficultés inévitables, non seulement à cause des intérêts, des sentiments nationaux, mais, plus encore, pour être justes, car il ne s'agit plus, comme dans tant de traités précédents, de partager les peuples comme on partagerait des troupeaux ! A la Pologne, on décide de donner une partie de la Silésie, allemande depuis le 18ᵉ siècle : quelle partie ? Deux États sont créés, la Pologne et la Tchéco-Slovaquie : comment fixer leur frontière commune ? Dans des États, anciens ou nouveaux, on ne réussira pas à réaliser l'unité de population : on n'empêchera pas qu'il y ait des Allemands en Tchéco-Slovaquie, en Pologne, des Hongrois en Roumanie, etc. Quel sera le sort de ces minorités ? Que de conflits en perspective !

Nécessité de l'union 'par suite des conflits à limiter ou à prévenir. — Ce n'est pas tout. Ayant tant souffert, nous sommes portés à croire que la guerre est finie. Mais on continue de se battre, pendant plusieurs années on se battra encore : entre Polonais et Russes, entre Roumains et Hongrois, entre Grecs et Turcs ; des troupes françaises se battent en Asie Mineure contre les Turcs. Même des alliés de la veille voient s'élever entre eux des causes de désaccord : il y en a entre la Roumanie et la Yougo-Slavie, entre la Yougo-Slavie et l'Italie.

Puis, que feront les peuples vaincus ? Voici l'Allemagne qui a perdu 6 millions d'habitants, l'Autriche réduite à 6 millions sur les 52 que comprenait l'ancien empire ; la Hongrie, diminuée au profit d'Etats voisins.

Voyez plus loin : en Afrique et en Océanie les colonies allemandes, en Asie les anciennes populations de la Turquie : qu'en fera-t-on ?

Enfin, dans diverses parties du monde des milliers de pauvres gens ont dû émigrer, fuir devant des armées victorieuses ou bien ils fuient un régime nouveau : les abandonnera-t-on à leur destin ?

Et ainsi, des œuvres de justice, parfois immenses, toujours délicates, s'imposent ou sont désirables, qui ne peuvent être accomplies que par une grande union. Or, précisément, il se produit en beaucoup de pays, en présence des pertes à réparer, une tendance au repliement de chaque nation sur elle-même, comme un besoin de s'occuper surtout de soi, une sorte d'égoïsme « sacré ».

Heureusement, malgré tout, le désir de paix, les inquiétudes, la poussée des peuples plus ou moins conscients qu'il fallait essayer de prévenir des désastres[1] l'emportèrent et le projet du Président Wilson fut réalisé : le traité de Versailles contint, en tête de ses dis-

---

1. « Dès janvier 1919, l'Union Fédérale des Anciens Combattants, Mutilés, Réformés, écrit M. René Cassin, Préside t. soucieuse de ne pas laisser éluder les promesses faites a x combattants pendant la guerre, envoyait un message u Président Wilson, alors en France, pour l'encourager à é- parer, indivisibles, le Pacte de la Société des Nations e le Traité de paix ». Nulle démarche ne pouvait être plus én ouvante !

positions, le Pacte de la Société des Nations débutant par la déclaration suivante, véritable déclaration des Devoirs des Nations :

Les Hautes parties contractantes :

Considérant que pour développer la coopération entre les nations et pour leur garantir la paix et la sûreté, il importe d'accepter certaines obligations de ne pas recourir à la guerre, d'entretenir au grand jour des relations internationales fondées sur la justice et l'honneur,

d'observer rigoureusement les prescriptions du droit international, reconnues désormais comme règle de conduite effective des Gouvernements,

de faire régner la justice et de respecter scrupuleusement toutes les obligations des traités dans les rapports mutuels des peuples organisés,

Adoptent le présent PACTE *qui institue la* SOCIÉTÉ DES NATIONS.

Le 10 janvier 1920, les représentants de l'Allemagne déposèrent l'acte par lequel le Parlement allemand ratifiait le traité de Versailles : le même jour, comme il avait été décidé, le Pacte de la Société des Nations entrait en vigueur. La Société allait établir son siège en Suisse, dans un pays neutre, à Genève — la ville où une soixantaine d'années auparavant avait été créée déjà une grande institution destinée, elle, sinon à prévenir les guerres, du moins à en diminuer certaines souffrances : la Croix Rouge Internationale...

CHAPITRE V

LES MEMBRES DE LA SOCIÉTÉ DES NATIONS
LEURS ENGAGEMENTS, LEUR SITUATION

Les engagements des membres. — A quoi, en application des principes précédents, s'engageaient les Etats fondateurs de la Société, à quoi s'engageraient les peuples qui par la suite en feraient partie ?

1° A respecter et à maintenir contre toute agression extérieure l'intégrité territoriale et l'indépendance politique présente de tous les membres de la Société (art. 10 du Pacte) [1] ;

2° A ne déclarer la guerre qu'après en avoir référé au Conseil de la Société ou avoir recouru à un arbitrage, et, dans les cas extrêmes, à n'entrer en guerre qu'après l'expiration d'un certain délai (trois mois après le rapport du Conseil ou la sentence des arbitres) [2] ;

3° A considérer que toute guerre ou menace de guerre affectant, directement ou non, l'un des membres de la Société intéresse la Société tout entière et que celle-ci doit prendre les mesures propres à sauvegarder efficacement la paix (art. 11) ;

4° A faire enregistrer au Secrétariat de la Société tout traité ou engagement international conclu à l'ave-

---

1. Un Etat adhérent accepte donc volontairement les traités signés : l'entrée de l'Allemagne en 1926 implique ainsi une reconnaissance ayant ce caractère à l'égard du traité de Versailles.

2. Ce n'est pas l'interdiction de la guerre, mais seulement l'interdiction de commencer les hostilités avant un temps déterminé suivant un essai de médiation. On peut certes souhaiter davantage, mais l'observation de cet engagement n'aurait-elle pas déjà des résultats précieux ? Croit-on qu'à la suite de l'attentat commis dans les Balkans sur un archiduc autrichien en 1914, la guerre se serait produite si un délai de plusieurs mois avait été observé ?

nir par lui, sans quoi le traité n'est pas obligatoire[1].

5° A collaborer ensemble pour le bien de leurs nationaux et pour le progrès général de l'humanité en ce qui concerne les questions économiques, les questions relatives aux travailleurs, à l'hygiène, etc.

L'entrée dans la Société. — Un Etat n'est pas obligé d'entrer dans la Société — comment aurait-on pu *imposer* une telle obligation ? — mais, d'autre part, il n'y est admis que s'il adhère au Pacte, s'engageant à collaborer avec la Société, à concourir aux buts de celle-ci ; l'admission des Etats doit être prononcée par l'Assemblée à la *majorité des deux tiers*..

Tout membre peut se retirer, mais après un *préavis* de deux ans. Un Etat qui aurait violé le Pacte pourrait être exclu.

Les membres de la Société. — Ce sont :
' les « Puissances alliées et associées » signataires du traité de Versailles (sauf les Etats-Unis, qui n'ont pas ratifié le traité, et la République de l'Equateur) ;

2° treize anciens Etats neutres, invités à adhérer par la Conférence de la Paix ;

3° des Etats admis dans la suite : parmi lesquels, successivement : l'Autriche, la Hongrie, l'Etat libre d'Irlande et, en 1926, l'Allemagne.

Le 1er janvier 1925, Costa-Rica fit connaître son intention de se retirer. De même, le Brésil (12 juin 1926) et l'Espagne (8 septembre 1926) notifièrent une intention analogue. — Depuis les débuts, pour des raisons particulières, la République Argentine n'a pas pris part

---

1. **Le Secrétariat devra publier les traités.** — L'engagement sur ce point a une portée dont l'intérêt ne doit pas nous échapper. Il tend à mettre fin à la diplomatie secrète, aux dispositions qui constituent une menace pour la paix. N'oublions pas que précédemment des gouvernements pouvaient signer des traités sans même les faire connaître aux Parlements. — Plus de *mille deux cents traités* ont déjà été enregistrés et publiés !

aux travaux de l'Assemblée, mais elle paraît devoir reprendre sa place sous peu. La Société comprend actuellement 55 États [1].

L'entrée de l'Allemagne en 1926. — Le Pacte prévoit l'entrée dans la Société des Nations de tout État qui en accepte les principes. L'Allemagne, affirmant qu'elle avait rempli les engagements imposés par le traité de Versailles, et soutenue par divers membres de la Société, laissa entendre, dès 1921, qu'elle était prête à demander son admission, mais demandait qu'on tînt compte de sa situation particulière — l'état de désarmement qu'elle déclarait avoir réalisé — pour n'appliquer que dans une certaine mesure les dispositions des articles du Pacte prévoyant l'éventualité de sanctions collectives contre un État récalcitrant au sujet des décisions d'arbitrage. La doctrine de la France fut : l'Allemagne pourra être admise quand son désarmement sera officiellement constaté et son admission ne saurait compter « ni exception ni privilège ».[2]

En *février* 1926, le Conseil, saisi d'une demande, se réunit pour l'examiner : auparavant, l'Allemagne avait signé les accords de Locarno reconnaissant les dispositions du traité de Versailles. Elle fut définitivement admise à l'Assemblée de *septembre* 1926. C'était un grand fait. Notamment, cette entrée impliquait, comme nous l'avons dit, l'acceptation des principes de la Société des

1. Abyssinie, Afrique du Sud, Albanie, Allemagne, Argentine Australie, Autriche, Belgique, Bolivie, Brésil, Bulgarie, Canada, Chili, Colombie, Cuba, Danemark, République Dominicaine, Espagne, Esthonie, Ethiopie, Finlande, France, Grande-Bretagne, Grèce, Guatémala, Haïti, Honduras, Hongrie, Inde, Irlande, Italie, Japon, Lettonie, Libéria, Lithuanie, Luxembourg, Nicaragua, Norvège, Nouvelle-Zélande, Panama, Paraguay, Pays-Bas, Pérou, Perse, Pologne, Portugal, Roumanie, Salvador, Yougo-Slavie, Siam, Suède, Suisse, Tchéco-Slovaquie, Uruguay, Vénézuéla.

2. « Dès que l'Allemagne se sera mise en règle avec le traité du point de vue des réparations et de la sécurité, il ne dépendra que d'elle d'entrer à la Société des Nations. » (M. Herriot, 17 juin 1924).

Nations[1], laquelle faisait ainsi un pas important vers l'« universalité » si désirable pour son œuvre.

Du discours prononcé en cette circonstance par M. Streseman, ministre des Affaires étrangères d'Allemagne, nous extrayons le passage suivant :

L'Allemagne fait aujourd'hui son entrée parmi des nations dont les unes lui sont attachées depuis de longues années par des liens d'amitié et dont les autres se trouvaient alliées contre elle dans la grande guerre. Le fait que l'Allemagne et ses anciens adversaires se réunissent à l'heure actuelle dans la grande Société de Genève pour une collaboration paisible et permanente... montre clairement que la Société des Nations peut être appelée à donner à l'évolution politique de l'humanité une orientation nouvelle...

Déjà, avant d'entrer dans la Société des Nations, l'Allemagne s'est efforcée de travailler dans un esprit de coopération pacifique. Le Gouvernement allemand est fermement résolu à poursuivre cette politique. Il est heureux de constater que ces idées, après avoir été vivement discutées en Allemagne, ont progressivement conquis la conscience du peuple allemand. Aussi, il est vraiment l'interprète de la plus grande partie de son peuple lorsqu'il déclare vouloir prendre part avec un entier dévouement aux tâches de la Société des Nations.

Dans le discours de M. Briand, nous relevons un langage à méditer :

Sans doute, ce n'est pas parce que vous et nous siégeons dans la même Assemblée et que nous pouvons communier dans le culte d'un même idéal que les obstacles disparaissent. Il en subsiste entre nous. Mais il suffit que les uns et les autres traduisent le sentiment profond de nos pays, — et je puis vous assurer que c'est le sentiment du mien, — et que nous ayons la bonne volonté d'affronter toutes ces difficultés avec la volonté de les régler par la conciliation. Ce sont précisément les peuples qui ne sont pas toujours entendus qui ont le plus besoin de la Société des Nations.

1. C'était en réalité une seconde signature apposée au traité de Versailles, par l'Allemagne : or, l'article 10 du Pacte stipule : « Les Membres de la Société des Nations s'engagent à respecter et à maintenir contre toute agression extérieure l'intégralité territoriale et l'indépendance politique de tous les Membres de la Société ».

CHAPITRE VI

LES ORGANES

La Société des Nations comprend comme organes : l'Assemblée, le Conseil, le Secrétariat, organes en quelque sorte constitutionnels ; et, d'autre part : la Cour permanente de Justice, l'Organisation internationale du Travail, et des organes techniques.

La composition de l'Assemblée. — Elle se compose de représentants de tous les membres de la Société (donc des Etats proprement dits et des « Dominions » — Canada, Australie, Afrique du Sud, de la Nouvelle-Zélande, de l'Inde et de l'Etat libre d'Irlande). Le gouvernement de chaque pays y désigne trois représentants qui ne disposent dans les votes que d'une voix au total. L'Assemblée se réunit régulièrement une fois par an, en septembre ; elle peut également être convoquée en session spéciale à la demande d'un membre et sur l'avis de la majorité. Elle élit son Bureau, en tenant compte autant que possible des groupements les plus importants de pays, afin d'assurer la représentation des diverses formes de civilisation et des divers courants d'intérêts.

La composition du Conseil. — Tandis que l'Assemblée a environ 160 membres, le Conseil, malgré diverses modifications survenues, n'en compte que 14 (il devait y en avoir neuf au début). Il s'y trouve deux sortes de membres : les uns sont permanents — les membres « originaires » : les grandes puissances alliées et associées, Empire britannique, France, Italie, Japon (les Etats-Unis, comme on sait, ne sont pas entrés à la Société) — puis, dès 1926, l'Allemagne. Il y a de plus neuf membres non permanents qui sont actuellement :

le Canada (dont on remarquera la présence au Conseil, indépendamment de celle de l'Angleterre), le Chili, la Chine, la Colombie, Cuba, la Finlande, les Pays-Bas, la Pologne et la Roumanie.

En 1926, l'entrée de l'Allemagne dans la Société des Nations et, naturellement, au Conseil, donna lieu à des demandes pressantes de certains Etats désireux d'avoir eux aussi un siège au Conseil dont, on va le voir, le rôle est considérable et dans lequel les grandes puissances avaient une part que d'autres trouvaient trop grande. A défaut de l'augmentation du nombre des sièges permanents, à laquelle on se refusait, l'Assemblée décida de porter le nombre des membres non permanents de six à neuf, choisis pour trois ans, trois d'entre eux, au plus, pouvant être réélus. La demande de rééligibilité de la Belgique, en 1927, n'obtint pas la majorité des deux tiers nécessaire, et son siège fut attribué au Canada. Le représentant de la Belgique, M. Vandervelde, tint un langage élevé : « Le vote qui vient d'être émis, pour des raisons de principe qui n'ont rien à voir avec les sentiments de l'Assemblée à notre égard, n'empêchera pas la Belgique d'apporter son concours le plus dévoué, le plus ardent à la grande œuvre de paix poursuivie par la Société des Nations ».

Les attributions. — En considérant le nombre des membres de l'Assemblée et celui des membres du Conseil, on est porté à penser que la première serait en quelque sorte le Parlement de la Société des Nations et le second un Ministère : il n'en est pas exactement ainsi.

1° Neuf membres du Conseil sont bien désignés par l'Assemblée, mais les autres — qui sont les principales puissances — sont à la fois membres de droit et membres permanents.

2° Les *deux organes ont des attributions communes* : la première Assemblée (1920) a décidé que tous les deux avaient le droit de discuter et d'examiner toutes les questions rentrant dans la compétence de la Société.

Cette absence de distinction entre eux — laquelle surprend sans doute — a été voulue pour qu'il y eût dans leurs rapports plus d'élasticité.

La réserve précédente faite, on trouve des *attributions particulières* à l'un ou à l'autre organisme :

I. — *L'Assemblée :* examine les demandes d'admission;

vote le budget de la Société, chaque État versant une cotisation proportionnelle à son importance ; élit les membres non permanents du Conseil ; participe avec le Conseil à la désignation des magistrats de la Cour permanente de Justice ; entend et examine le rapport annuel du Conseil sur l'œuvre accomplie et sur les questions qui se posent — *ce qui lui permet de donner des directives.*

II. — Le *Conseil,* moins nombreux, en relations directes avec les gouvernements des principales puissances, pouvant se réunir à tous moments, a un rôle particulièrement actif. Il exerce des attributions relatives au gouvernement du territoire de la Sarre et à la Ville libre de Danzig ; d'autres, concernant la situation des minorités et les mandats [1] ; il préside à l'activité des organismes techniques et des Commissions. *Surtout, il est chargé : de préparer le plan de réduction des armements* prévu par le Pacte ; de *prévenir les conflits,* et, s'il y a lieu, de *faire appliquer les sanctions* contre les inobservations du Pacte.

Conditons des délibérations et des votes. — 1° Toutes les séances de l'Assemblée, séances des Commissions comme les séances plénières, sont *publiques.* Celles du Conseil se tiennent, *soit à huis clos* — ce qui peut être utile pour l'examen de questions particulièrement délicates, dangereuses pour la paix, — *soit publiquement ; tous les procès-verbaux,* même ceux des séances privées, sont *imprimés et publiés.* Et cette publicité, rompant avec le secret de l'ancienne diplomatie, est d'une importance considérable : c'est bien devant l'opinion du monde tout entière qu'en dernière analyse sont posées les questions. Puisse cette opinion arriver à n'être pas indifférente, superficielle ou injuste, au sujet des travaux dont la paix dépend pour une bonne part !

1. On trouvera plus loin l'exposé de ces différents points.

2° Sauf dans quelques cas, *les décisions doivent être prises à l'unanimité.*

C'est là un point qu'on ne saurait trop remarquer. Il a suscité des inquiétudes : suffirait-il donc du parti-pris, de l'intérêt, même simplement de l'amour-propre, d'un seul membre, pour empêcher la Société de décider ou d'agir ? Et un exemple fameux — et pénible — ne pouvait manquer d'être rappelé : celui qu'offrait la Diète de l'ancienne Pologne où l'opposition d'un seul homme arrêtait, légalement, l'adoption d'une mesure, même de salut, ce qui fut un élément d'anarchie et l'une des causes de la perte de l'indépendance nationale.

Mais la règle de l'unanimité s'explique par un principe fondamental de la Société : le respect de la souveraineté des Etats, petits ou grands. Et, d'autre part, il faut voir la réalité : comment pourrait-on contraindre un Etat, entré librement dans la Société, à exécuter une décision contre laquelle il s'est prononcé — une sanction, par exemple ?...

Le Secrétariat permanent. — La Société des Nations avait besoin d'un organisme dont le fonctionnement serait continu, et qui, selon les directives de l'Assemblée et du Conseil, serait un agent de liaison entre les divers organes, ainsi qu'un agent de préparation réunissant, coordonnant tous les renseignements utiles. Ce sont les rôles que remplit à Genève le *Secrétariat permanent.* La direction en a été confiée par le Pacte à Sir Eric Drummond ; les membres du Secrétariat sont nommés par le Secrétaire général avec l'approbation du Conseil : on a pris soin de les choisir parmi des nations différentes et de les répartir dans les services non selon leur nationalité, mais selon leur compétence. On a ainsi une sorte de *grand ministère international,* un ministère qui serait, non pas politique, mais administratif, et l'énumération des œuvres de la Société montrera, par la multiplicité de ses rôles, la place considérable qu'il tient dans la vie internationale. Son action s'étend encore par l'existence en diverses capitales d'organes qui l'y représentent 1.

LA COUR PERMANENTE DE JUSTICE

La création. — Créer un tribunal suprême qui, en dehors de toute considération politique, prononcerait entre les parties en cause est une nécessité impérieuse pour la paix entre les peuples. Les conférences de la Haye (1899 et 1907) avaient cherché à réaliser cette création ; elles n'avaient pas réussi, par suite, notamment, de l'impossibilité de s'entendre sur le choix des juges, les grands pays ne voulant pas s'exposer à être jugés par une majorité de petits, et les petits pays craignant la prépondérance des autres.

Le Pacte chargea le Conseil de préparer un projet de Cour permanente et de le soumettre aux membres de la Société ; la fondation fut décidée par l'Assemblée en 1921 et la Cour fut installée à la Haye le 30 janvier 1922 : le *grand tribunal international permanent* que des penseurs des temps modernes avaient si souvent réclamé était créé.

La composition. — Pour que ce tribunal incarnât véritablement le Droit international, il fallait que sa composition lui assurât toute *l'indépendance*, toute *l'impartialité*, toute *la valeur morale* possibles.

De là, des dispositions minutieuses. Chaque État, après avoir consulté dans son pays la plus haute Cour de Justice et les Facultés de Droit, présente quatre candidats dont deux au plus de sa nationalité. Sur la

1. Nous avons doublement le devoir de signaler l'importance des publications du *Service d'Informations*: d'abord parce que ses publications nous ont, naturellement, beaucoup servi ; ensuite, parce que nous ne pouvions mieux faire que de renvoyer nos lecteurs, pour les développements utiles, à ces publications si claires et si précises.

liste des candidats, l'Assemblée et le Conseil votant séparément choisissent les juges : or, le Conseil représente surtout les grandes puissances, tandis que l'Assemblée représente tous les États, les petits s'y trouvant en majorité : on évite donc l'écueil rencontré avant 1914. — Si l'Assemblée et le Conseil n'étaient pas d'accord, on recourrait pour un choix à faire à la désignation par les juges mêmes déjà en fonctions. — Enfin, ces magistrats (qui sont élus pour neuf ans) doivent non seulement réunir individuellement les conditions requises, mais assurer dans l'ensemble la représentation des grandes formes de civilisation et des principaux systèmes juridiques du monde. — On voit, d'autre part, que le mode d'élection enlève jusqu'à l'apparence d'une dépendance quelconque du juge à l'égard du gouvernement de son propre pays.

Le rôle. — La Cour se compose de onze membres. D'après son statut, si, dans une affaire, un juge appartient à une des nationalités en cause, il peut siéger, mais l'autre partie peut désigner un juge de sa nationalité. S'il n'y a aucun juge de la nationalité des parties, chacune d'elles peut désigner un juge de sa nationalité : ainsi, on donne aux sentiments nationaux une satisfaction légitime et à l'opinion publique la preuve que l'examen de l'affaire sera complet.

Quelles sont les attributions de la Cour ?

1° Le Conseil ou l'Assemblée peuvent lui demander des *avis consultatifs ;*

2° Dans ses fonctions judiciaires, il faut distinguer deux cas : celui où l'on *peut* s'adresser à elle, celui où l'on *doit* recourir à ses décisions.

Le premier cas est celui où deux États en désaccord conviennent de lui soumettre le litige en cause.

Le second se présente lorsque, par un traité, des États se sont engagés à reconnaître comme obligatoire la compétence de la Cour : dans ce cas, un État peut citer devant elle un autre État, même sans le consen-

lement de celui-ci. De plus : les traités politiques qui
ont suivi la guerre ont stipulé la compétence de la
Cour pour l'application de certaines clauses, par exemple, en ce qui concerne les minorités, l'exercice des
mandats sur les colonies et territoires qui ont cessé
d'être placés sous l'autorité de l'Allemagne et de la
Turquie.

Quelles sont les parties qui peuvent se présenter devant elle ? Naturellement, tous les membres de la Société des Nations. Mais en cas de conflit d'un État membre avec un État étranger à la Société ? La Cour est
ouverte à tout État pourvu qu'il déclare accepter sa
juridiction et s'engage à exécuter loyalement ses décisions.

On le voit : la juridiction obligatoire n'est pas stipulée.
Malgré le progrès considérable qui résulterait de la
proclamation du droit pour un État d'en assigner un
autre devant ce tribunal suprême, les auteurs du Pacte,
puis le Conseil et l'Assemblée, n'ont pas pensé pouvoir
aller jusque-là : c'est un de ces points sur lesquels il
faut que le temps, le développement de l'esprit international fassent leur œuvre Il est d'ailleurs intéressant de constater que les recours à l'institution sont de
plus en plus prévus dans des accords entre peuples.

L'ORGANISATION DE COOPÉRATION INTELLECTUELLE

Utilité de cette coopération. — Dès son origine, la
Société des Nations s'est rendu compte que son œuvre
suprême, l'établissement d'une paix stable, n'était possible et sûre qu'avec le concours des consciences et
des intelligences, que le travail diplomatique devait être
doublé d'un travail de rapprochement entre les esprits.

On ne comprendrait pas, disait M. Léon Bourgeois, que la
Société des Nations s'intéressât à l'amélioration des moyens
d'échange de produits matériels et se désintéressât des
moyens d'accélérer les échanges d'idées de nation à nation.
Sans un esprit de mutuelle intelligence internationale, une
Société des Nations ne peut vivre.

L'avenir de la Société, disait d'autre part un délégué de l'Afrique du Sud, dépend de la formation d'une conscience universelle. Son action ne peut naître et croître que si les savants, les penseurs et les écrivains de tous les pays, entretiennent des rapports fréquents et propagent d'un pays à l'autre les idées qui doivent assurer la paix entre les peuples.

Ce que peut être l'Œuvre de coopération intellectuelle entre les nations. — Il faut bien comprendre ce que peuvent être ces œuvres pour en entrevoir les limites, mais aussi l'étendue considérable.

Il y a dans tous les pays civilisés des foyers, des organismes de vie intellectuelle ; de plus, beaucoup d'entre eux possèdent déjà des institutions de coopération intellectuelle ; et même, à travers le monde, nombre d'œuvres exercent dans ce sens une action internationale, cherchant, chacune en sa spécialité, à amener l'entente et l'entr'aide entre travailleurs intellectuels de tous les pays : Bureau de Berne pour la propriété littéraire ; Association artistique et littéraire internationale, etc. Il y avait une grande tâche à accomplir : encourager des initiatives, combler certaines lacunes, coordonner les efforts sous les auspices de la Société.

Pas plus dans le domaine intellectuel que dans les autres, on ne pouvait songer à s'ingérer dans la vie des peuples. Le rapport de M. Bourgeois posa un principe qui s'applique à toutes les œuvres de la Société des Nations :

Éviter de porter atteinte à l'originalité des esprits nationaux, mais, au contraire, permettre à chacun de se développer avec d'autant plus de force et de vitalité qu'il pourrait puiser plus largement dans le trésor commun des connaissances, des méthodes, des découvertes de tous.

D'autre part, il était désirable qu'on favorisât la pénétration réciproque des esprits par-dessus les frontières et M. Painlevé l'indiquait en une autre circonstance :

L'élite intellectuelle d'un peuple a certes comme mission d'exalter le génie de ce peuple, de développer ses arts, sa littérature, ses sciences, de manifester sous les formes les plus hautes toutes ses facultés, de comprendre, de chercher, d'inventer toutes les nuances de sensibilité qui caractérisent sa personnalité parmi les autres peuples, mais il est une autre mission qu'il lui faut remplir : c'est de comprendre profondément l'âme des autres peuples et d'être en quelque sorte leur interprète auprès du sien.

Les organes. — En 1922, l'Assemblée créa la *Commission internationale de coopération intellectuelle.*

Composée des hommes les plus qualifiés dans l'ordre éducatif et scientifique, elle devait étudier d'une façon générale les moyens de simplifier, de développer les relations intellectuelles.

En 1924, un centre permanent fut fondé à Paris, l'*Institut international de coopération intellectuelle* : le gouvernement français avait offert l'immeuble qui (au Palais-Royal) en devait être le siège, et il accordait un crédit de deux millions ; une parfaite égalité de traitement était assurée entre toutes les nations. A l'inauguration, le directeur, M. Julien Luchaire, rappelait le programme qu'avait établi la Commission internationale : connaître méthodiquement tous les faits qui se rapportent aux relations des peuples sur le terrain des sciences, des lettres, des arts et de l'enseignement ; se mettre en contact avec les principales institutions intellectuelles du monde entier et les aider, si elles le désirent, à mieux se connaître les unes les autres et à plus régulièrement échanger leurs bons offices.

Il concluait : « Notre rôle est modeste, mais nous le croyons nécessaire ; nous ne sommes ni des savants, ni des arbitres ; nous sommes ceux qui essaieront de débroussailler le chemin où marchent sans regarder assez, parfois, à leurs pieds, ceux dont le métier est de regarder les astres ».

Autres organes de la Société des Nations. — Par tout ce qui précède, on entrevoit la multiplicité des tâches de la Société des Nations et leur complexité. Par suite, est-il utile d'insister sur le fait que toutes les tâches doivent être étudiées dans les moindres détails, d'une infinie variété puisqu'il s'agit d'œuvres de toutes les parties du monde ? Ne s'appuyer que sur les sentiments, si généreux qu'ils soient, se contenter de données superficielles, ce serait courir au-devant des échecs et peu à peu discréditer la Société dans son ensemble. Une vérité fondamentale est qu'il faut une préparation technique de la paix dans tous les domaines où les nations peuvent s'unir — dans tous les domaines aussi où elles risquent de s'affronter !

On trouvera donc naturel que la Société en dehors des organes précédents ait constitué des organes que l'on peut qualifier d'auxiliaires non pour en paraître diminuer l'importance, mais simplement pour indiquer que chacun d'eux correspond à un ordre spécial de questions. La dénomination particulière indique leur tâche. Ce sont :

les Organisations du transit, de l'hygiène, l'organisation économique et financière ;

les Commissions consultatives : du désarmement, des mandats, de l'opium et autres stupéfiants, de la protection de l'enfance et de la jeunesse ; et commissions diverses.

L'Organisation internationale du travail[1]. — L'un des éléments essentiels de la paix universelle est dans l'amélioration des conditions sociales du travail, et cette amélioration dépend en partie de l'adoption dans tous les pays de certaines mesures qui empêcheront les industries de l'un d'eux d'être défavorisées du fait qu'elles auraient adopté telle ou telle disposition, par exemple sur la durée de la journée de travail.

De même que le Pacte avait formulé les *devoirs politiques* des gouvernements, le traité introduisit le prin-

1. Étant donné la nature particulière des travaux de *l'Organisation du Travail*, nous l'étudierons à part dans un chapitre spécial, mais les principes sont exposés dès maintenant.

cipe de justice sociale comme l'un des fondements de
la paix et le préambule d'une des parties du traité doit
être lu et médité comme étant celui de la CHARTE DU
TRAVAIL CONTEMPORAIN.

Attendu que la Société des Nations a pour but d'établir la paix universelle et qu'une telle paix ne peut être fondée que sur la base de la justice sociale ;

Attendu qu'il existe des conditions de travail impliquant pour un grand nombre de personnes l'injustice, la misère et les privations, ce qui engendre un tel mécontentement que la paix et l'harmonie universelles sont mises en danger, et attendu qu'il est urgent d'améliorer ces conditions : par exemple, en ce qui concerne la réglementation des heures de travail, la fixation d'une durée maxima de la journée et de la semaine de travail, le recrutement de la main-d'œuvre, la lutte contre le chômage, la garantie d'un salaire assurant des conditions d'existence convenables, la protection du travailleur contre les maladies générales ou professionnelles et les accidents résultant du travail, la protection des enfants, des adolescents et des femmes, les pensions de vieillesse et d'invalidité, la défense des intérêts des travailleurs occupés à l'étranger, l'affirmation du principe de la liberté syndicale, l'organisation de l'enseignement professionnel et technique et autres mesures analogues ;

Attendu que la non-adoption par une nation quelconque d'un régime de travail réellement humain fait obstacle aux efforts des autres nations désireuses d'améliorer le sort des travailleurs dans leur propre pays ;

Les Hautes Parties Contractantes, mues par des sentiments de justice et d'humanité aussi bien que par le désir d'assurer une paix mondiale durable, ont convenu ce qui suit...

1. On verra plus loin (page 89) les dispositions prises.

CHAPITRE VII

L'« ESPRIT DE GENÈVE »

Les tâches à accomplir. — Nous venons de voir les nombreux organes qui fonctionnent à Genève, ou dont l'action vient de Genève. Essayons de nous représenter l'ensemble immense des tâches qui sont confiées à la Société des Nations, soit par les traités eux-mêmes, directement, soit par suite de conventions entre les États, soit par application des principes qui sont à la base de la Société.

Les guerres ont entraîné bien des déplacements de populations qui ont dû fuir, misérables et, dans leur misère, inquiétantes pour le maintien de la paix. Des fléaux, maladies épidémiques et autres, sévissent en différents points du monde et sont des menaces pour des régions voisines, même pour des parties lointaines. Des territoires d'Asie ont été enlevés aux Turcs, des colonies l'ont été aux Allemands : quelle doit être leur situation pour prévenir les révoltes et les conflits dont l'histoire de la colonisation offre tant d'exemples ?

En Europe même, des populations, changeant de nationalité, sont devenues minorités dans des États nouveaux ou dans des États agrandis, minorités dont il faut sauvegarder les droits légitimes sans rompre l'unité nationale.

Dans cette Europe bouleversée, il y a en maints endroits des causes de désaccords, non seulement entre d'anciens adversaires, mais encore entre d'anciens alliés, et on peut dire qu'il n'y a pas de jour où il ne faille veiller de crainte d'un incident.

Si les gouvernements, certes, ont, en toutes ces circonstances, leurs moyens d'action dans les questions de justice et de paix, il faut qu'une grande force morale s'exerce, impartiale autant qu'il est humainement possible.

Puis, en même temps qu'on essaie de diminuer les maux, les injustices et de conserver la paix, il faut *organiser* la paix, pour que peu à peu la tranquillité du monde soit moins précaire, moins à la merci d'incidents imprévus, moins au jour le jour.

Puis, en même temps qu'on essaie de diminuer les voies précédentes, c'est bien à cette organisation que l'on travaille, car on apaise insensiblement les amertumes, les rancunes, les préventions. Mais le grand résultat qu'attend le monde exige des moyens plus directs et il faut des institutions qui visent à fonder le Droit international ou à diminuer les barrières : un Tribunal des Nations, une Organisation de la Coopération intellectuelle, le Bureau International du Travail, des Commissions et Conférences économiques.

Voici, enfin, ce qui peut être appelé le *cœur* de la Société des Nations : avec le Secrétariat, collaborateur quotidien des efforts faits dans toutes les directions, l'Assemblée et le Conseil, points de départ de toutes les initiatives, points d'arrivée de toutes les affaires.

Avons-nous suffisamment fait entrevoir l'importance de l'effort international qui est demandé à la Société ?

La limitation des pouvoirs de la Société. — La conception d'après laquelle la Société des Nations serait une sorte de *super-État*, imposant ses volontés aux États Membres, cette conception s'est présentée naturellement au public : mais on a pu voir d'après ce qui précède que la réalité est différente : *les États sont entrés dans la Société sans renoncer à ce qu'ils considèrent comme leurs droits souverains. La Société évoluera-t-elle vers une constitution qui lui donnera d'autres prérogatives ?* Nous ne le savons pas, mais, pour l'instant — et, sans doute, pour longtemps encore —

Il lui faut agir par la bonne volonté, par l'entente communes. De là, par exemple, la règle de l'unanimité pour la plupart des décisions de l'Assemblée ; la disposition par laquelle celle-ci ou le Conseil ne peuvent s'occuper d'une affaire sans en être saisis par un des membres de la Société. Il est possible de regretter ces restrictions, — et certaines autres, — mais, répétons-le, si l'on avait, au traité de Versailles, voulu davantage, *on aurait sans doute été obligé de renoncer à l'œuvre tout entière.*

Ce qu'il y a de remarquable, ce n'est pas que, dans ces conditions, les résultats ne répondent pas toujours aux désirs : c'est que l'action de la Société, comme on le verra, ait pu être efficace dans de nombreuses questions, en beaucoup de points du globe, et qu'on puisse avoir, pour l'avenir, des raisons sérieuses d'en attendre beaucoup plus encore. Comment peut-il être ainsi? C'est ce que, avant toute étude de l'œuvre accomplie ou de l'œuvre en cours, il faut rechercher.

A Genève. — Voici qu'arrivent à Genève, tantôt les quatorze membres du Conseil, tantôt (ou avec les précédents) les cent-soixante membres de l'Assemblée, tantôt les membres des multiples Commissions. Les uns ou les autres vont se réunir dans le « Palais de la Réformation », sur la rive sud du lac aux eaux bleues.

Ils viennent, de chacun de leurs pays, avec leurs préoccupations, avec leurs mentalités nationales ; parmi eux, il en est dont les nations se sont combattues, il en est même dont les gouvernements sont, hélas ! des ennemis et, peut-être, le Palais entendra-t-il des paroles menaçantes !

Et pourtant !... Malgré tout, malgré toutes les questions, toutes les différences qui divisent, une accalmie des sentiments, une sorte de détente, survient: ce n'est certes pas toujours la conciliation, c'est du moins un apaisement, c'est, dans les cas les plus défavorables, l'ajournement d'une mesure hostile : or, aux peuples

comme aux individus, le temps porte souvent conseil !
Mais il y a plus : parfois, c'est l'entente même qui se
réalise. Pourquoi ?

C'est d'abord que les représentants des peuples arrivent la plupart avec la conscience d'un devoir envers
l'humanité : quand on porte dans son manteau la paix
ou la guerre et qu'on se souvient de ce qui s'est passé
en 1914 et après, on ne peut méconnaître sa responsabilité...

Puis, des causes d'un autre ordre amènent l'accord sur
de nombreux points : les pays qui sont représentés ont
pris des engagements solennels. Tout à l'heure, on par-
lera, on votera, et les paroles et les votes seront portés
devant la conscience du monde qui jugerait faillite morale le manquement aux engagements : et, plus les peuples seront éclairés, plus une telle condamnation sera
la honte de la nation qui l'aura méritée et sera un
châtiment.

D'autre part, réunions, discours et votes, ne sauraient
nous faire oublier un élément de l'œuvre de Genève qui
a une importance pratique particulière.

C'est la *permanence du travail* qui se fait. Par le
Secrétariat, par les Commissions, par les services techniques, par le Conseil qui peut se réunir toutes les fois
qu'il le juge utile, toute question, avant d'être présentée publiquement, est l'objet d'une étude patiente,
minutieuse, *méthodique*. Quand il y a lieu, les différents organes y collaborent : de sorte que tous les points
de vue, toutes les éventualités, ont été examinés et que
c'est sur le résultat d'un effort scientifiquement et im-
partialement conduit que l'Assemblée, le Conseil, auront
à se prononcer : dans ces conditions, certaines oppositions sont difficiles à justifier et à faire triompher.

A ces causes, il faut ajouter l'influence, naturelle,
qu'exercent sur des représentants distingués : le contact entre eux, les conversations (susceptibles d'incon-
vénients, mais qui, comme entre simples particuliers,
peuvent dissiper des préventions) — et, enfin, l'action

de personnalités dont le désir de paix et de justice est reconnu par tous.

Et, de tous ces éléments [1] — et pas seulement de la causerie autour de la « tasse de thé » — se forme l'« esprit de Genève ». Ne nous refusons pas à sourire quand nos chansonniers plaisantent à son sujet, mais n'oublions pas que notre tranquillité de demain en a grand besoin !...

1. Nous ne pouvons mieux faire que de reproduire le passage suivant du discours prononcé à l'Assemblée, lors de l'admission de l'Allemagne, par M. Briand : « Je me suis vu souvent arriver à Genève avec l'angoisse de me trouver aux prises avec des problèmes insolubles : les discussions de la presse, les débats des hommes politiques les avaient parfois obscurcis. Je me disais : « Nous allons partir divisés et sans avoir trouvé la solution. » Or, toujours nous l'avons trouvée. C'est que, aussitôt mis en face les uns des autres, sous la sauvegarde tutélaire du Pacte, saisis par l'esprit du lieu, grandis vis-à-vis du nous-mêmes par la noblesse du but, sentant la responsabilité morale qui pesait sur nous, non pas seulement à l'égard de nos nations particulières, mais à l'égard du monde entier, nous nous redressions, nous faisions un effort suprême, et, au moment le plus délicat, alors qu'il semblait que la solution s'éloignât pour toujours, par une espèce de prodige que je ne veux pas essayer d'expliquer, il arrivait que nous nous mettions d'accord; c'était à la stupéfaction de tous, et particulièrement de ceux qui, peut-être, n'avaient pas désiré le succès de nos efforts. »

CHAPITRE VIII

QUELQUES DATES DE L'HISTOIRE DE LA SOCIÉTÉ DES NATIONS

1910 : 29 juin : Création de la Société des Nations (traité de Versailles) ;

1920 : Premières sessions du Conseil et de l'Assemblée ;
Conférence financière de Bruxelles ;
Rapatriement de 500.000 prisonniers de guerre.

1921 : Règlement du conflit entre la Suède et la Finlande (îles d'Aland) ;
Intervention dans un différend entre la Serbie et l'Albanie ;
Règlement du conflit germano-allemand à propos de la Haute-Silésie ;
Formation de la Cour permanente de Justice Internationale.

1022 : Reconstruction financière de l'Autriche.

1923 : Intervention dans le conflit polono-lithuanien ;
Intervention dans le conflit italo-grec (affaire de Corfou) ;
Reconstruction financière de la Hongrie ;
Etablissement des réfugiés en Grèce.

1024 : Approbation unanime par l'Assemblée du Protocole pour le règlement pacifique des différends internationaux ;
Examen de la question de Mossoul, entre l'Angleterre et la Turquie ;
Intervention en vue de la reconstruction financière de la Hongrie.

1925 : Rejet du Protocole ; proposition tendant à l'arbitrage, à la sécurité et au désarmement ;
Règlement du conflit gréco-bulgare.

1926 : Admission de l'Allemagne à la Société des Nations.

1927 : Conférence économique internationale.

L'Assemblée : proclame solennellement et à l'unanimité l'interdiction des guerres d'agression ; élabore un plan de travail sur l'arbitrage, la sécurité et le désarmement ; prend des mesures d'application des résultats de la Conférence économique.

En décembre, la Commission spéciale étudie les mesures en vue du désarmement.

Examen de la question des relations entre la Lithuanie et la Pologne.

1927 et 1928 : (Janvier) Proposition de la France aux États-Unis tendant à mettre « la guerre hors la loi ».

Février-Mars : Réunions du Comité d'arbitrage et de sécurité, puis du Conseil de la Sociétés et de la Commission de désarmement ; étude des moyens de sécurité et des conditions désirables des traités d'arbitrage particuliers entre États

DEUXIÈME PARTIE

L'ŒUVRE HUMANITAIRE ET LE MAINTIEN DE LA PAIX

CHAPITRE PREMIER

ŒUVRE HUMANITAIRE ET SOCIALE

Les dispositions humanitaires du Pacte. — Puisqu'on voulait essayer de former un monde où il y eût plus de justice, il fallait se préoccuper, non seulement des relations politiques entre les peuples, mais aussi du soulagement des maux et des misères de la vie sociale. Et, introduisant des préoccupations nouvelles dans un grand traité, le Pacte invite les Membres de la Société à « prendre des mesures d'ordre international pour *prévenir et combattre les maladies* » ; « à *favoriser* l'établissement et la coopération des organisations volontaires nationales de *la Croix-Rouge* qui ont pour objet l'amélioration de la santé, la défense préventive contre la maladie et l'adoucissement de la souffrance dans le monde ». D'autre part, la Société est chargée de contrôler les accords relatifs à *la traite des femmes et des enfants*, au *trafic de l'opium* et autres drogues nuisibles. Enfin, les Membres de la Société s'engagent à faire des efforts pour « assurer et maintenir des *conditions de travail équitables et humaines* pour l'homme, la femme et l'enfant ».

A ce programme humanitaire, les circonstances allaient encore ajouter une grandiose mission : celle de venir en aide à une catégorie immense de victimes des guerres : prisonniers oubliés ou perdus, populations chassées loin de leurs foyers par les mouvements des armées et fuyant en lamentables cortèges. A cette tâche, une Société des Nations ne pouvait se dérober. Et, dès sa formation, la Société de Genève a étendu son action dans tous ces domaines de la peine des hommes et en presque toutes les parties du monde, groupant les bonnes volontés, déjà nombreuses, mais trop isolées, créant, encourageant les initiatives, stimulant les gouvernements, par une action méthodique et sans arrêt, qui s'étend à mesure qu'apparaissent des besoins nouveaux.

Contre les maladies. — Le centre des organisations pour la lutte contre les maladies est l'*Organisation d'hygiène* formée d'un Conseil consultatif, d'un Comité et d'un Secrétariat, assistés de Commissions, de Conférences ; une grande œuvre philanthropique, la Fondation Rockfeller, l'aide de ses fonds et de ses moyens d'action ; des États qui ne sont pas membres de la Société participent aux efforts (États-Unis, Russie, Turquie).

Par des enquêtes, des études nombreuses, par l'envoi de spécialistes sur tous les points menacés ou atteints, par la collaboration avec toutes les collectivités d'hygiénistes, la lutte est menée contre la variole, la mortalité infantile, le croup, la dyssenterie, le cancer ; contre les maladies épidémiques : maladie du sommeil, fièvres, lèpre — Il y aurait encore en Asie plusieurs centaines de milliers de lépreux !, etc. On établit un plan de campagne internationale contre la propagation des épidémies. En garantissant certains emprunts nationaux, en Grèce, en Bulgarie, la Société permet d'améliorer la situation sanitaire des populations.

Contre les calamités. — Brusquement, un fléau sévit en quelque endroit : inondation, épidémie... Les pays de peu de ressources ne peuvent secourir les misères qui en sont la conséquence ; si les pays riches en ont les moyens, n'est-il pas bon qu'eux aussi sentent que même les régions moins favorisées, apportant leur aide modeste, — l'obole du pauvre ! — les convainquent de la solidarité de tous ? C'est dans cette pensée que, sous les auspices de la Société des Nations, se crée actuellement une « *Union des Etats pour le secours immédiat en cas de calamités imprévues* » sans considération de race, de nation et de religion.

L'opium. — A première vue, la question de l'opium peut paraître secondaire. Mais il faut savoir que la consommation de l'opium sous diverses formes s'étend au point de devenir un fléau. La Chine, au 10ᵉ siècle, en jugea ainsi et essaya de l'empêcher sur son territoire, mais elle rencontra l'opposition de pays producteurs. Depuis, par les contacts avec l'Orient, l'usage de l'opium et de certaines substances dérivées, morphine, cocaïne..., s'est développé dans nos pays occidentaux et anéantit bien des énergies, des intelligences et des existences. L'audace des trafiquants s'est accrue par l'espoir de gros bénéfices à réaliser, et pour entrevoir le péril, il suffit de songer qu'il y a en France, chaque année, de nombreuses arrestations de ces vendeurs et personne ne peut douter du grand nombre de ceux qui échappent !

Dès avant 1914, des Etats, à une conférence de la Haye, s'entendaient pour prendre des mesures d'interdiction d'entrée des stupéfiants. Mais la question est complexe : des pays (d'Orient) tirent d'importantes ressources de la vente ; d'autre part, il faut laisser pénétrer les quantités nécessaires pour la fabrication des produits médicinaux. Aussi, il y eut des réserves sur les mesures à adopter, même des oppositions, et rien n'était fait au début de la guerre. Le mal s'aggrava ; dans certains grands pays d'Europe, on peut fixer à deux pour cent la proportion des victimes de divers stupéfiants ; il serait de 0 % en des régions d'Orient.

De là, l'action de la Société des Nations, seule capable de déterminer une coopération internationale étendue. Cinquante-six États (dont cinquante-et-un sont membres de la Société) ont convenu de dispositions limitant et contrôlant l'importation.

Rapatriement des prisonniers de guerre. — Ce sont des centaines de milliers d'hommes, de femmes et d'enfants que, depuis 1920, la Société a sauvés de la plus complète misère ou de la mort !

D'abord, des prisonniers de guerre et des soldats internés. En 1920, un demi-million n'étaient pas rapatriés et beaucoup souffraient de la plus complète détresse. En Sibérie, il y en avait 200.000 dont, au cours de l'hiver, on pouvait craindre la mort. Des œuvres charitables — notamment celles de la Croix-Rouge — malgré des efforts considérables, étaient hors d'état de tout faire. La Société des Nations ajouta son action à la leur, et, grâce à elle, grâce à son délégué, l'explorateur Nansen, deux ans après, malgré la modicité des ressources, elle avait réalisé un véritable miracle : le rapatriement de plus de 400.000 personnes, de vingt-six nations !

L'aide aux réfugiés. — Nous avons connu pendant la guerre le douloureux exode des réfugiés, mais ceux-ci avaient, les uns quelques ressources, d'autres des possibilités de travail dans les lieux où ils parvenaient. Mais, après les guerres — après la grande guerre, après les guerres dans l'est de l'Europe, dans le sud-est, en Asie Mineure — il y eut *des millions de fugitifs* qui, au terme de leur marche lamentable, arrivaient, dénués de tout, dans des pays où ils ne trouvaient rien. *Russes* — un million et demi — chassés par la tourmente et ne pouvant se réclamer d'aucun gouvernement ; *Grecs* fuyant de l'Asie Mineure au cours des guerres entre Turcs et Grecs ; *Bulgares* quittant des régions qui passaient à un autre État ; *Arméniens* abandonnant une fois de plus leur patrie envahie par d'autres ; c'était sur les routes orientales, des multitudes errantes et misérables — comme une réapparition, au vingtième siècle, du spectacle sinistre que le monde avait vu lorsque les Barbares se précipitaient sur l'Empire romain.

La tâche immense fut entreprise par la Société des Nations, et le docteur Nansen rendit les mêmes services que pour les prisonniers. La situation se trouva particulièrement tragique lorsque certains gouvernements, par suite de leur situation financière, et la Croix-Rouge américaine durent déclarer qu'ils ne pouvaient continuer leurs secours.

Il fallut d'abord ravitailler et loger les réfugiés ; on y parvint avec l'aide des gouvernements et des associations. A un moment, 25.000 réfugiés de Constantinople étaient menacés de mourir de faim : on les sauva en envoyant de la farine et avec les concours du gouvernement français et de la Croix-Rouge américaine consentant une nouvelle assistance qui permit de les nourrir pendant quatre mois et d'en évacuer une partie vers des pays où ils pourraient trouver du travail.

La Société fit accorder par les gouvernements d'autres ressources; aidée du Bureau international du Travail, elle obtint dans les capitales la création d'offices de placement pour les réfugiés, et entreprit un ensemble de travaux d'évacuation en Amérique et en Europe. Des négociations avec le gouvernement des Soviets permirent le retour en Russie, dans des conditions satisfaisantes, de plusieurs milliers de réfugiés qui désiraient revenir dans leur pays.

Puis, ce furent des mesures à prendre, d'accord avec les gouvernements respectifs, pour sauver de la détresse, en leur fournissant des moyens de travail, 1.500.000 réfugiés grecs d'Asie qui regagnèrent la Grèce en 1922 et 200.000 réfugiés bulgares des régions enlevées à leur pays. On a remarquablement réussi en Grèce et l'œuvre continue en Bulgarie : ce n'est pas seulement la cause humanitaire que la Société des Nations a servie.

c'est — on n'en doute pas en pensant aux conditions politiques des Balkans — la paix de l'Europe.

Arméniens. — La malheureuse nation arménienne avait pu espérer, en 1920, sa constitution en Etat, sous le mandat des Etats-Unis. Mais les Etats-Unis n'acceptèrent pas, les Turcs continuèrent d'écraser les Arméniens, et le traité de Lausanne, terminant la guerre en Asie Mineure, ne fit pas même mention d'eux. La Société des Nations ne put qu'essayer de secourir les émigrés. Elle s'y est efforcée par deux moyens : la création, sous la protection diplomatique, d'un *Foyer national* à Erivan, dans l'Arménie (devenue République soviétique), et l'aide aux réfugiés ; elle insiste auprès des gouvernements pour obtenir des secours ; le Bureau international du Travail s'applique à réaliser le placement en diverses régions. Ajoutons qu'en Syrie se trouvent près de 100.000 de ces infortunés.

CHAPITRE II

LES MANDATS

L'établissement des « mandats ». — La guerre finie qu'allait-on faire, d'une part, des colonies enlevées à l'Allemagne, et, d'autre part, des provinces d'Asie précédemment turques, maintenant occupées par les alliés?

Ces territoires sont, dit le Pacte, « habités par des peuples non encore capables de se diriger eux-mêmes dans les conditions particulièrement difficiles du monde moderne ». Et si l'on considère que les colonies allemandes comprennent des régions comme le Togoland, le Cameroun, en Afrique, et des îles ou parties d'îles du Pacifique, on s'explique l'appréciation. Quant aux territoires turcs, Palestine, Syrie, Mésopotamie, Irak, ils comptent encore beaucoup de populations nomades, guerrières, parfois ennemies entre elles. Il paraissait dangereux de donner l'indépendance à toutes ces régions : les unes par leur faiblesse, les autres par l'anarchie, seraient devenues objets de convoitises et peut-être causes de guerres nouvelles. En faire des dépendances proprement dites de grands États, c'était à la fois préparer des rivalités et permettre à des puissances d'évincer les autres. De plus, l'exploitation des ressources de régions arriérées a donné lieu à bien des abus et les Puissances alliées pouvaient-elles oublier qu'elles voulaient introduire dans le monde plus de justice et d'humanité ?

De là :

1° dans le Pacte, l'affirmation de ce principe : « Le bien-être et le développement de ces peuples forment une mission sacrée de civilisation, et il convient d'incorporer dans le présent Pacte des garanties pour l'accomplissement de cette mission » ;

2° l'institution d'un système dit de « mandats » : au nom de la Société des Nations, des puissances exerceraient la tutelle des populations.

La répartition des mandats. — Quelles puissances auraient cette mission ? « Les nations développées qui, en raison de leurs ressources, de leur expérience ou de leur position géographique, sont le mieux à même d'assumer cette responsabilité et qui consentent à l'assumer ».

L'attribution fut faite par les « Puissances alliées et associées » (par suite, les Etats-Unis furent amenés à intervenir) dans les conditions suivantes :

A) Des territoires étaient séparés de la Turquie : la *Syrie* et le *Liban furent confiés à la France* ; la *Palestine à l'Angleterre* qui reçut aussi le mandat sur la *Mésopotamie-Irak* ;

B) En Afrique centrale, l'Angleterre et la France eurent l'administration du *Togo* et du *Cameroun*, où chacune occupe une zone déterminée ; il en fut de même entre l'Angleterre et la Belgique dans l'*Est africain allemand* ;

C) Le *Sud-ouest africain* fut attribué à l'Afrique du Sud.

Les îles du Pacifique situées au *nord de l'équateur* sont confiées au *Japon* ; celles qui se trouvent au sud de l'équateur, à l'*Angleterre*, à l'*Australie* et à la *Nouvelle-Zélande*.

Nature de la tutelle. — Remarquez la division précédente : elle traduit les différences entre les sortes de mandats :

1° Les *mandats* « A », sous lesquels sont placées des communautés détachées de l'Empire ottoman sont délimités par la considération suivante : Ces communautés, dit le Pacte, « ont atteint un degré de développement tel que leur existence comme nations indépendantes peut être reconnue provisoirement, à la condition que les conseils et l'aide d'un mandataire guident leur administration jusqu'au moment où elles seront capables de se conduire seules ». Le régime est donc celui d'un protectorat très large.

2° *Mandats « B »* sur les colonies d'Afrique centrale. Ici, il n'est pas question d'autonomie même partielle. La puissance mandataire administre le territoire, assurant la liberté de conscience et de religion, et elle ne peut établir de fortifications, de bases militaires ou navales, donner aux indigènes une instruction militaire (sauf pour la défense du territoire), ni se constituer pour les échanges et le commerce des avantages qui placeraient les autres membres de la Société dans un état d'infériorité.

3° *Mandats « C »* (l'Afrique du Sud et îles du Pacifique). Ces régions, « par suite de la faible densité de leur population, de leur superficie restreinte, de leur éloignement des centres de civilisation » sont considérées comme devant être entièrement sous les lois de la puissance mandataire, comme une partie intégrante de son territoire.

Situation particulière en Palestine. — Pour le mandat donné en Palestine à la Grande-Bretagne, on remarquera deux sortes de dispositions particulières :

1° On sait qu'il y a eu dans le passé de nombreuses querelles et des conflits au sujet des Lieux Saints et des édifices ou sites religieux : c'est ainsi qu'un désaccord entre prêtres orthodoxes ou grecs qui s'étaient arrogé la garde des sanctuaires chrétiens et des prêtres catholiques, traditionnellement protégés par la France, a été une des causes de la guerre de Crimée. Pour éviter de nouvelles difficultés, la puissance mandataire doit étudier les mesures à prendre sous le contrôle de la Société des Nations.

2° La Palestine est le berceau du Judaïsme : c'est une raison pour laquelle, en 1917, le gouvernement britannique a déclaré qu'il y favoriserait l'établissement d'un Foyer national pour le peuple juif. Pour réaliser cette conception, le mandat stipule la reconnaissance d'un organisme spécial, l'« *Organisation sioniste* » qui a le droit de collaborer avec l'administration dans toutes les questions de cet ordre et d'assurer la coopération de tous les juifs disposés à participer à la constitution du Foyer national. La Puissance mandataire doit faciliter l'immigration juive et encourager l'établissement intensif des israélites sur les terres du pays. Elle doit, d'autre part, veiller à ce que tous les droits, civils et religieux, de tous les habitants soient sauvegardés sans distinction de race, de religion ou de langue.

Le mandat britannique sur l'Irak. — Il y eut pendant plusieurs années de longs débats devant le Conseil entre l'Angleterre et la Turquie sur le sort politique de l'*Irak* : la première puissance demandait que la région fût placée sous le régime du mandat 1, la seconde revendiquait le pays comme ayant appartenu à la Turquie avant la guerre (en fait, la souveraineté turque avait été plus nominale que réelle sur cet ensemble de tribus). Le Conseil fit étudier très minutieusement la question par une Commission qui se renseigna sur les désirs des populations, sur les conditions économiques, géographiques, sur les races, etc., et aboutit à une « recommandation » aux deux puissances qui, finalement, en acceptèrent les principes dans une convention de 1925.

Ce sont la plupart des stipulations communes à tous les mandats, mais avec cette particularité que la puissance mandataire — l'Angleterre — a traité avec un

---

1. L'Angleterre se présentait comme défendant les intérêts du gouvernement de l'Irak — ce gouvernement était une royauté. — « La population, disait le représentant de l'Angleterre, a en horreur l'intention des Turcs de mettre la main sur les ressources essentielles du pays et sur ses positions stratégiques. Le gouvernement et le peuple demandent que l'on conserve à l'Irak ses frontières primitives qui comprenaient le vilayet de Mossoul. »

roi, le roi de l'Irak. La souveraineté nationale sera respectée; l'Irak entrera dans la Société des Nations et sera représenté dans des capitales étrangères. L'Angleterre, mandatée pour vingt-cinq ans, donnera au roi les conseils et l'assistance dont il pourrait avoir besoin et aura dans l'Irak un Haut-Commissaire; aucun traitement différentiel ne sera établi entre les Etats Membres de la Société des Nations et celle-ci recevra chaque année un rapport de la Grande-Bretagne sur la situation et sur les mesures prises.

La mission civilisatrice. — Nous n'avons pas à étudier les difficultés auxquelles ont donné lieu, d'abord l'attribution de tels ou tels mandats, puis leur exécution. Mais on ne peut sans injustice méconnaître ce qu'il y a d'élevé dans l'esprit du Pacte et le souci de la Société des Nations d'en assurer la réalisation.

Dans les pays ayant appartenu à la Turquie, les puissances mandataires doivent : favoriser les capacités des populations à se gouverner elles-mêmes ; développer les autonomies locales autant qu'il est possible ; assurer aux indigènes et aux étrangers la garantie complète de leurs droits ; garantir la liberté de conscience et de culte ; n'établir aucune inégalité de traitement entre les habitants du fait des différences de race, de religion ou de langue.

Dans les autres territoires, il y a obligation pour les Etats : de pourvoir à l'émancipation éventuelle de tous les esclaves ; de supprimer toute forme de commerce d'esclaves ; d'interdire tout travail forcé ou obligatoire, sauf pour les travaux et services publics essentiels et sous condition d'une équitable rémunération ; de protéger les indigènes contre la fraude et la contrainte par une surveillance attentive des contrats de travail et du recrutement des travailleurs ; d'édicter des règles sévères contre l'usure. D'autres mesures ont pour objet d'établir entre l'Etat mandataire et les autres Etats une complète égalité économique : c'est en somme le principe de la « *porte ouverte* », substitué à l'ancienne politique de monopole colonial ; c'est l'introduction de la *politique de la colonisation dans l'intérêt des populations indigènes et dans l'intérêt général.*

On ne manquera pas de faire observer que toutes ces prescriptions risquent de rester théoriques. Mais il est permis de répondre en signalant qu'un contrôle effectif est exercé par la Société des Nations : celle-ci a nommé une Commission (*dont la majorité représente des États non mandataires*), chargée d'examiner le rapport annuel que les Puissances chargées d'un mandat ont à adresser ; la Commission soumet son appréciation au Conseil qui peut présenter des remarques aux intéressés, et les publications de la Société prouvent que le contrôle est réel.

Les habitants des territoires sous mandat ont un droit particulièrement important : celui d'adresser une *pétition*, donc de signaler tous abus et excès de pouvoir. En divers pays, on a usé largement de ce droit, que limite seulement l'obligation de recourir, pour l'envoi, au gouvernement mandataire, lequel peut joindre ses observations : cette condition n'a pas pour objet de restreindre le droit de pétition, mais seulement de permettre de connaître en même temps l'opinion de la puissance intéressée[1].

N'est-il pas permis de dire qu'il y a ici encore une

---

1. Nous n'avons pas la naïveté de penser que tout soit parfait dans la manière dont tous les mandats sont exercés et nous croyons qu'il faut que toutes les plaintes des intéressés soient entendues, mais on comprend qu'il ne peut manquer de se produire des réclamations injustifiées et de parti pris. En juin 1927, à propos de récrimination de pétitionnaires d'un territoire d'Asie, la Commission des Mandats (qui, dans d'autres occasions, s'est montrée sévère à l'égard de la puissance mandataire) a dû déclarer que « les réclamants n'avaient pas fait leur possible pour accorder une collaboration loyale et qu'ils demandaient des concessions équivalant à la négation même du mandat. »

innovation de haut intérêt, dans ce fait que, devant les représentants de plus de cinquante États, peuvent être examinés publiquement les procédés de colonisation ; que ceux qui croient avoir à se plaindre ont la faculté de se faire entendre et que les États qui croient n'avoir pas outrepassé leurs droits ou manqué à leurs devoirs peuvent exposer leur politique ? Et ne peut-on penser que *l'action bienfaisante de la colonisation ainsi comprise s'étendra peu à peu à l'administration des colonies proprement dites ?*

CHAPITRE III

LES MINORITÉS

Importance des questions de minorités. — Tout traité qui fait passer un territoire d'une nation à une autre a presque toujours comme conséquence l'existence sur ce territoire d'une minorité différant, soit par la race, soit par la religion, soit par la langue, de la majorité des habitants. Et quand, comme depuis 1919, les traités amènent des changements considérables de nationalité, la question des minorités devient exceptionnellement grave. Que de considérations doivent être envisagées ! Si la « minorité » a un effectif important, son mécontentement, ses réclamations, son action dans des voies diverses, peuvent entraîner des troubles sérieux ; si elle est peu nombreuse, la justice exige pourtant qu'on lui assure des droits et le respect de ces droits. Dans un cas comme dans l'autre ne peut-on craindre que cette situation soit une cause d'intervention d'autres États — en particulier, de l'État qui a dû céder le territoire ? — Une œuvre de justice et de paix, comme celle qu'ont voulu réaliser les Puissances alliées, devait accorder à cette question une grande importance, et la recherche de solutions aussi équitables qu'il est possible est une des tâches bienfaisantes de la Société des Nations.

Voulez-vous regarder la carte de l'Europe nouvelle et celle de l'Europe de 1913 ? (Tenez-vous en à l'Europe). Des « minorités » en voici, notamment : en Lithuanie et à Dantzig : minorités polonaises ; en Haute-Silésie : ici, minorités polonaises dans la partie restée allemande ; là, minorités allemandes dans la partie polonaise ; en Tchéco-Slovaquie, minorités allemandes; en Roumanie, minorités hongroises ; en Bulgarie, minorités grecques, en Grèce, minorité albanaise — et même dans les pays cités, on pourrait indiquer d'autres minorités ; dans un petit pays tel que l'Albanie, il y a plusieurs minorités. Combien de causes d'injustices, de causes réelles ou de simples prétextes de troubles, d'interventions menaçantes ! De combien de coins ignorés une guerre pourrait-elle surgir ?

Le rôle de la Société des Nations. — Puisqu'il était impossible d'éviter de créer des minorités, qu'a-t-on fait pour elles ?

Dès 1919, on commença, sur l'invitation des Puissances alliées et associées, à conclure des traités prévoyant la protection des minorités, garantissant à celles-ci, dans la constitution même des États intéressés, leurs libertés civiles et civiques, l'usage de leur langue et de leur religion, ainsi qu'un enseignement public particulier lorsque leur effectif en justifierait l'établissement.

La Société des Nations devait avoir le contrôle de l'exécution de ces engagements. Dans la suite, des États conclurent des accords pour régler en détail l'interprétation des traités : c'est le cas de la Tchéco-Slovaquie et de l'Autriche, de la Pologne et de la Ville libre de Dantzig, de la Lettonie et de l'Esthonie, de l'Allemagne et de la Pologne pour la Haute-Silésie.

Au cours des années, il y eut, naturellement, bien des réclamations et il reste un grand nombre de cas litigieux. On se rendra compte de quelques-unes des difficultés en songeant : qu'il suffit, pour réclamer, d'une minorité numériquement très faible — ce qui ne diminue pas le devoir d'être juste envers elle, mais multiplie les questions ; — que les griefs peuvent être peu importants ; qu'il n'est même pas toujours *facile de définir ce que peut être en Droit une minorité* : suffit-il qu'un certain nombre d'individus appartiennent à une race étrangère pour qu'ils soient une minorité ayant besoin de la protection de la Société des Nations ? En présence de la multitude de réclamations, celle-ci a dû recourir à des moyens d'opérer un « filtrage » des pétitions, afin d'intervenir dans les situations qui valent cette intervention — et dans ces cas seulement.

N'oublions pas que, dans son action, la Société doit tenir compte des droits et même des *susceptibilités légitimes des Etats* qui n'admettent pas toujours sans difficulté une ingérence dans leurs affaires intérieures et qui ont parfois à craindre une rupture de leur unité.

Tout cela explique la peine avec laquelle des désaccords prennent fin et leur longue durée; mais la Société des Nations a obtenu deux résultats qui ont de la valeur; empêcher des dissentiments d'être causes de conflits armés ; et, d'autre part, contribuer à témoigner plus de justice à ceux qui pourraient craindre l'oppression par les majorités. Un rapport présenté au Conseil définit excellemment l'état d'esprit qu'elle s'efforce de créer :

Ceux qui ont conçu le système des minorités ne songeaient pas à créer, dans le sein de certains Etats, une masse d'habitants se considérant perpétuellement étrangers à l'organisme général de la nation ; mais au contraire ils ont voulu, pour les éléments de cette masse, le statut de protection juridique capable d'assurer le respect de l'inviolabilité des personnes, et de préparer peu à peu les conditions nécessaires à l'établissment de la complète unité nationale.

Un exemple de conflit au sujet des minorités : Hongrois en Roumanie. — Une partie de l'ancienne Hongrie a été donnée par les traités à la Roumanie. Or, ce dernier pays avait eu longtemps un régime de propriété des terres tel que la moitié du territoire, soit 4 millions d'hectares (près des quatre cinquièmes de la surface de la France) appartenait à 4.000 habitants, sur 7 millions de Roumains.

Dès avant la guerre, une réforme agraire avait été introduite de manière à transférer les terres presque en totalité aux paysans jusque-là fermiers et ouvriers ; la réforme a été poursuivie pendant et après la Guerre, — entraînant naturellement une vive opposition.

Les propriétaires, jadis hongrois, devaient-ils subir le

sort commun, être expropriés ? Le gouvernement roumain leur appliqua la législation récente.

Les protestations, naturellement, furent nombreuses et le gouvernement hongrois s'en fit l'écho. Des tribunaux mixtes formés de Hongrois et de Roumains, ne purent arriver à une solution ; la Hongrie saisit la Société des Nations et, depuis des années, on cherche en vain à régler le conflit.

En janvier 1928, une affaire ayant quelques analogies avec la précédente a été soulevée par un propriétaire hongrois contre le gouvernement de la Yougo-Slavie et ne sera, sans doute, pas plus facile à régler.

C'est un de ces difficiles problèmes qu'entraînent les annexions et qui dépassent singulièrement les intérêts privés : il s'agit en réalité d'un grave conflit entre le Droit intérieur de chaque Etat et le Droit international. 1

1. En février et mars 1928, la Société des Nations a dû s'occuper de nouveau de ces questions ; elle a décidé de demander à la Roumanie l'introduction, dans le tribunal mixte chargé de l'examen du désaccord, de juges appartenant à des pays neutres.

CHAPITRE IV

DEUX TERRITOIRES ALLEMANDS D'AVANT-GUERRE :
LA SARRE ET DANTZIG

Représentez-vous la situation suivante: deux territoires appartenant à l'Allemagne depuis plus d'un siècle peuplés en majorité d'Allemands, et détachés après la guerre; l'un désormais — et provisoirement — administré par une Commission internationale, ses mines cédées à un Etat « ex-ennemi » ; l'autre, un port, devenu Ville libre, mais obligé de consentir certains privilèges à un « ex-ennemi » qui n'a pas d'autre débouché sur la mer : et vous concevrez les conflits possibles, risquant de se produire sans interruption[1]. Songez que la Société des Nations a la charge du contrôle et demandez-vous si elle n'a pas quelque mérite en réussissant à empêcher l'aggravation de certaines difficultés.

I.

LA SARRE

Le territoire de la Sarre d'après le traité de Versailles. Voisin de la Lorraine, le « Bassin » de la Sarre, pris à la France par la Prusse en 1815, n'a que 1000 kilomètres carrés, mais compte environ 800.000 habitants — sauf la Seine, aucun de nos départements n'est aussi peuplé —; sa principale ville, Sarrebruck, a 120.000 habitants (3000 en 1789). C'est que le pays a d'importantes mines de charbon, produisant 12 millions de tonnes

---

1. A ce sujet, un coup d'œil sur la carte montre l'existence entre la Prusse orientale et le reste de l'Allemagne du « couloir » polonais et fait penser aux complications qui pourraient se produire pour cette cause.

dans une année normale, des établissements métallur-
giques, des verreries, des fabriques de poteries, etc.

Deux mesures ont été prises par le traité de Versailles.
En compensation de la destruction des mines du Nord de
la France, celle-ci a obtenu la propriété entière des mines de la Sarre. *Le territoire*, détaché de l'Allemagne, a
été confié pour l'administration à la Société des Nations,
laquelle, en 1935, fera procéder à un plébiscite devant
déterminer la situation définitive : retour à l'Allemagne, ou union à la France, ou autonomie sous les
auspices de la Société des Nations. De 1919 à 1935, le
territoire est gouverné par une Commission de cinq
membres : un Français, un *non-Français*, originaire du
territoire et y demeurant, et trois membres appartenant
à des pays autres que la France et l'Allemagne.

En formant la Commission comme il vient d'être dit,
on avait pensé donner des garanties suffisantes d'impartialité. D'autres se trouvaient dans le traité : maintien
de la nationalité des habitants (avec possibilité pour ceux
qui le voudraient d'en acquérir une autre) ; maintien
des lois et règlements, du régime fiscal, des tribunaux,
des assemblées locales, des écoles et de la langue. De
plus, dans la suite, le traité ne conférant aux habitants
aucun pouvoir d'intervention dans le gouvernement, on
créa en 1922 un Conseil consultatif élu, dans la pensée
que serait réalisée une collaboration continue et cor-
diale avec la Commission.

Les difficultés. — Il est aisé d'entrevoir les éléments
de difficultés : administration des mines par la France,
rapports avec les mineurs en grande majorité Allemands;
variations des monnaies allemandes et des monnaies
françaises ; exploitation d'un réseau de voies ferrées,
remarquablement actif, mais très restreint ; chômages,
grèves ; questions relatives aux écoles allemandes et aux
écoles françaises ; présence de troupes françaises ; création d'un corps de gendarmerie locale, etc.

Les habitants ont le droit d'adresser des pétitions au

Conseil de la Société des Nations par l'intermédiaire de la Comission. Et il y eut — il y a toujours — de nombreuses pétitions d'individus, de collectivités, protestant contre des mesures. De son côté, le gouvernement allemand s'est plaint fréquemment au Conseil, par exemple à cause de la présence de troupes françaises, du développement de la gendarmerie locale, etc. En 1923, à la suite d'ordonnances relatives au maintien de l'ordre dans les grèves, le Conseil fut invité, sur la demande du gouvernement anglais, à faire un examen général de l'administration du territoire.

Ce qu'on peut dire pour conclure, c'est que l'appui de la Société des Nations a permis à la Commission de Gouvernement de s'acquitter d'une mission accomplie à travers des obstacles de toute nature.

II.

LA VILLE LIBRE DE DANTZIG

Dantzig, jadis et longtemps ville libre, puis ville polonaise, fut pris par la Prusse en 1793 au dernier démembrement de la Pologne. Port de la Vistule, c'est le principal débouché de la Pologne, et, pour cette raison jointe à la raison historique, le traité de Versailles, en la reconstituant en *Ville libre*, y a accordé *certaines prérogatives à la Pologne :* 1° un Conseil du Port est créé en vue d'exploiter le port et d'en assurer à la Pologne le libre usage ; 2° la Pologne a le contrôle des principales lignes de chemin de fer et peut établir dans le port un service de communications postales, télégraphiques et téléphoniques ; 3° elle assure la conduite des affaires extérieures de la Ville.

Le traité et des conventions postérieures donnèrent à Dantzig, sous la protection de la Société des Nations, l'organisation suivante : à la tête de l'administration, un Haut-Commissaire ; une Assemblée populaire, un Sénat.

Sur 350.000 habitants, la plupart sont Allemands. Les

désaccords entre la Ville et la Pologne étaient difficilement évitables ; ils ont été nombreux. Le Haut-Commissaire est chargé de les résoudre en première instance,
mais les appels à la Société des Nations sont très fréquents ; il n'est guère de question qui n'ait entraîné de
difficultés : chemins de fer, établissement par la Pologne
d'un dépôt de munitions dans une presqu'île située sur
le territoire à quelque distance de la ville ; installation
par le même pays d'une boîte postale ; régime monétaire
selon les fluctuations du mark... La Société en est saisie
presque sans arrêt ; par intervalles, son Conseil insiste
pour que les deux pays s'arrangent directement, « afin,
dit-il courtoisement, qu'on évite les pertes de temps ».
Parfois, il obtient ce résultat ; mais bientôt les controverses reprennent : c'est merveille qu'une situation fertile en désaccords puisse se prolonger sans que des dangers véritables surgissent. La Société des Nations, organe
d'apaisement, est pour beaucoup dans ce résultat — et
même la Cour de justice internationale, à laquelle il a
fallu, pour essayer d'en finir avec un débat sur un sujet
irritant — et bien mince ! — soumettre la discussion sur
l'établissement d'une boîte aux lettres dans le port !

CHAPITRE V

LA SOCIÉTÉ DES NATIONS ET LES CONFLITS

I. — *Europe centrale et orientale.*

Le rôle général de la Société. — A la suite de la grande
guerre, entre des États créés, ou politiquement trans-
formés, ou atteints par les événements, des causes multiples ne pouvaient manquer de produire des conflits et
ceux-ci furent nombreux. On ne réussit pas à empêcher certaines guerres, — par exemple, les hostilités
engagées à deux reprises entre les Turcs et les Grecs. —
Plusieurs désaccords graves furent terminés, en dehors
de la Société des Nations. Du moins, en bien des circonstances, le grand organisme de la paix a eu le mérite de prévenir des événements douloureux ou fâcheux;
il est apparu comme un arbitre auquel les peuples peuvent s'adresser, et ses efforts, la publicité des procès
engagés, publicité qui pose la question du droit devant
l'opinion mondiale, la possibilité pour les peuples d'accepter sa décision sans que leur amour-propre national
ait trop à souffrir, ont contribué à donner à l'Europe une
tranquillité au moins relative.

Conflits de frontières, conflits à propos des minorités,
conflits d'intérêts, il y en a depuis 1918 de toutes sortes,
et sans aller jusqu'à croire que tous soient réglés, et,
non plus que ceux qui l'ont été le furent tous exclusi-
vement par la Société des Nations, on verra le grand
rôle de celle-ci dans des exemples tels que les suivants
choisis parmi les conflits qui pouvaient être particuliè-

rement inquiétants et parmi ceux dont la Société poursuit encore la solution [1].

LES ILES D'ALAND

La situation. — La question des îles d'Aland — 300 îles situées dans la mer Baltique et peuplées de 26.000 habitants — présente ce caractère particulier qu'elle a été posée avant même la fin de la guerre. La Finlande s'étant rendue indépendante de la Russie par suite de la guerre et de la révolution, les Alandais, d'origine et de langue suédoises, mais rattachés à la Russie, avec la Finlande depuis Napoléon Ier, réclamèrent la réunion de leurs îles à la Suède, tandis que la Finlande en revendiquait la possession. Ils s'adressèrent dans ce sens au début de 1918 au Sénat de Finlande, au roi de Suède et à l'empereur d'Allemagne, et, deux jours avant l'armistice de novembre, aux chefs des gouvernements de France et des Etats-Unis.

La question présentait sans doute un intérêt politique, ainsi qu'un intérêt d'ordre militaire pour les deux Etats — les îles sont dans une position stratégique importante — mais surtout elle apparut au monde comme d'un grand intérêt moral, puisque les Alandais, presque tous, revendiquaient l'application du grand principe : le droit des peuples à disposer d'eux-mêmes. C'était, d'autre part, le premier grand différend que la jeune Société des Nations était appelée à arbitrer. Elle le fut sur la demande présentée par le gouvernement britannique, en vertu de l'article 11 du Pacte conférant à tout membre de la Société « le droit, à titre amical, d'appeler l'attention de

---

1. Nous devons prévenir l'objection que beaucoup ne manquent pas de faire : « Que nous importent ces histoires de démêlés entre peuples éloignés de nous ? » — La réponse est dans la remarque que nous ne nous lasserons pas de présenter : « Nul ne sait si un conflit survenant quelque part en Europe, en un point dont nous ne connaissons pas même le nom, ne déclencherait pas une nouvelle guerre mondiale ».

l'Assemblée sur toute circonstance de nature à affecter les relations internationales ».

L'examen du différend. — Les deux parties furent entendues par le Conseil qui jugea devoir faire d'abord trancher par des juristes l'objection de la Finlande; que le différend entre elle et les îles était une *question d'ordre intérieur* échappant à la compétence de la Société. Les juristes consultés ayant admis cette compétence, le Conseil eut à étudier le fond, sur lequel les deux États présentèrent leurs arguments, tirés des considérations de race, d'histoire, d'intérêts.

Finalement, les *îles furent attribuées à la Finlande* — notamment parce que les nombreux Suédois établis dans ce pays (12 % de la population) avaient fait valoir que les relations entre eux et les Finlandais seraient gravement compromises en cas de cession des îles à la Suède ; et parce que des mesures étaient prévues garantissant aux Alandais la préservation de leur langue, de leur culture, de leurs traditions suédoises, de leurs libertés, sous la protection de la Société des Nations. La Suède, tout en exprimant « sa déception profonde » eut le mérite de s'incliner devant la décision. Il faut savoir que depuis, l'Assemblée locale de l'Archipel n'a jamais eu à faire usage du droit de réclamaion qui lui était reconnu.

Dans l'Europe de l'Est, apparurent des conflits dont la plupart ont été bien plus prolongés et plus aigus.

POLOGNE ET LITHUANIE

Au cours de la guerre, la Pologne et la Lithuanie se rendent indépendantes. Le traité de Versailles ne fixe pas d'une manière définitive les frontières de la Pologne : on se contente de tracer une ligne provisoire — la ligne « Curzon » du nom d'un homme d'État anglais — à l'ouest de laquelle la Pologne était autorisée à établir son administration. L'ère des difficultés entre les deux pays allait s'ouvrir.

La question de Vilna. — 1° En 1920, la Pologne se plaint que des forces lithuaniennes ont dépassé la ligne Curzon ; elle a déjà considéré comme nulle la disposition d'un traité entre la Russie et la Lithuanie, laissant à celle-ci le territoire de Vilna. Le Conseil craignant les hostilités qui paraissent imminentes, envoie une Commission militaire de contrôle afin d'obtenir *que les deux États reculent les emplacements de leurs troupes*, en attendant la fixation de la frontière par les Puissances.

2° Le recul est à peine effectué qu'en octobre 1920, *un général polonais s'empare de Vilna* et y installe un gouvernement provisoire. Le gouvernement polonais le « désavoue », mais laisse les troupes à Vilna, affirmant qu'il lui est impossible d'agir, l'opinion publique polonaise ayant unanimement approuvé le coup de force. Inutile d'insister sur les colères soulevées en Lithuanie.

3° Le Conseil propose de faire trancher par un *plébiscite* la question de Vilna. Les deux parties paraissant accepter, une Commission militaire, présidée par un colonel français, réussit à faire signer un armistice : ce n'est pas évidemment sans peine, et la Commission, installée dans un train, a dû maintes fois se déplacer entre les forces près d'en venir aux mains. Ici se place un projet qui évoque l'idée de cette « gendarmerie internationale » que l'on avait, de divers côtés (surtout du côté des délégués français à Versailles) demandée pour appliquer les sanctions éventuelles de la Société des Nations : le Conseil propose de remplacer les troupes polonaises en territoire contesté par un *contingent international*. La Belgique, le Danemark, l'Espagne, la France, l'Angleterre, la Grèce, la Norvège, la Suède, la Hollande offraient de constituer ce contingent : on voit l'intérêt du projet. Mais, d'une part, la Suisse s'y opposa un certain temps, alléguant sa neutralité, et, d'autre part, quand elle donna son consentement, on renonça à tout envoi de troupes, en présence de l'attitude peu favorable des deux gouvernements — et de l'attitude nettement inquiétante de la Russie.

5° Le Conseil décide de remplacer le plébiscite qui ne peut être fait par des *négociations directes entre la Lithuanie et la Pologne* sous la présidence du délégué de la Belgique : celui-ci propose, pour déterminer le sort du territoire contesté, deux plans fort remarquables dont le principe est de faire de ce territoire un canton autonome : tantôt un État, tantôt l'autre refusent.

6° Le Conseil, sous la forme d'une « recommandation » demande aux parties d'accepter le plan et l'Assemblée se joint à lui : on n'eut pas plus de succès.

7° En 1923, des deux côtés, des plaintes sont adressés sur l'anarchie existant dans la zone neutre. Le Conseil décide de fixer une nouvelle ligne provisoire : nouvelle opposition. Finalement, la Conférence des Ambassadeurs en conformité d'un article du traité de Versailles détermine un *tracé de frontière :* comme elle donne Vilna à la Pologne, la Lithuanie refuse de s'incliner devant cette décision. Et l'on a cette situation singulière : deux États voisins faisant chacun leur possible pour qu'il n'y ait pas de rapports entre leurs nationaux respectifs, usant pour cela de tous les moyens d'interdiction. On se trouve en présence de faits tels que les suivants : les lettres d'un pays à l'autre mettant des semaines pour parvenir ; des commerçants, obstinés à faire des affaires dans le pays voisin, traversant pour se rejoindre chacun la moitié du fleuve ! Entre les deux États — qui pourtant durant des siècles, ont vécu de la même vie et souffert les mêmes oppressions ! — Il n'y a aucune relation postale, télégraphique, ferroviaire, commerciale; « derrière des fils de fer barbelés, ils vivent sans se connaître, mais non sans se haïr, en état de guerre sans actes d'hostilités ». D'aucun côté, on ne veut renoncer à Vilna. Situation inquiétante, d'autant plus que telle ou telle action étrangère pourrait l'aggraver.

Faut-il penser pourtant que le rôle de la Société des Nations avait, en cette circonstance, été inutile ? Ce serait injuste, car c'est déjà un résultat que d'avoir, dans les moments les plus critiques, réussi à *empêcher la guerre*.

8° Il était réservé à la Société d'obtenir la confirmation de ce résultat et — peut-être un plus complet — à la fin de 1927.

Au cours de cette année, un complot dirigé contre le gouvernement lithuanien éclata à Kovno. Il échoua, mais la petite armée lithuanienne mobilisa sur le bruit — inexact — d'une intervention imminente de la Pologne. Celle-ci reçut de la Russie une note attirant son attention sur « l'immense danger que présenterait un attentat éventuel commis par un pays quelconque sur l'indépendance de la Lithuanie ». Le maréchal Pilsudski déclara à l'ambassadeur de France qu'il ne mobiliserait pas en attendant la réponse de la Société des Nations.

9° Les deux parties revinrent en décembre devant celle-ci. La Lithuanie se plaignit que l'école polonaise, dans les régions où il y a des Lithuaniens, travaillât à les dénationaliser. Le gouvernement polonais, élargissant le débat, demanda qu'on mît fin à l'état de guerre latent. On vit arriver à Genève les chefs des deux États. Le moment était décisif. Il y eut d'âpres discussions et on eut parfois la crainte de les voir finir par une rupture dont les conséquences pouvaient être tragiques. Enfin, les conseils de paix que les deux parties entendirent portèrent leurs fruits : un *compromis déclare la fin de l'état de guerre* ; la Pologne promet de respecter l'indépendance et l'intégrité de la Lithuanie ; des négociations directes régleront la reprise des relations de toute nature entre les deux États. Ce n'est pas l'apaisement complet — le chef de l'État lithuanien a déclaré, quelques jours plus tard, que la question de Vilna reste ouverte — mais c'est du moins le rétablissement des rapports normaux. Le temps fera le reste (du moins, on peut l'espérer). « L'organisme de Genève, dit la *Revue des Deux-Mondes*, a manifesté une fois de plus son utilité pratique comme moyen de pacification et d'apaisement ».

La question de Memel. — Qu'est-ce que Memel? Nous connaissons à peine le nom de ce port du Niémen que le traité de Versailles enleva à l'Allemagne et remit aux Puissances alliées et associées pour en disposer. Mais il est important : il permet l'accès à la mer d'une région peuplée de *neuf millions d'habitants*, le bassin du Niémen, dont une partie est à la Pologne, une autre à la Lithuanie : la partie orientale de la Pologne a besoin de ce port comme débouché, de même que la partie occidentale a besoin d'être desservie par Dantzig.

Pendant que les Puissances cherchaient quel devait être le régime de Memel — la Pologne désirait l'internationalisation — et que 200 chasseurs à pied français y restaient en leur nom, des Lithuaniens occupèrent la ville : les soldats français (dont un fut tué) durent se retirer. Après avoir attendu quatre ans pour prendre une décision, les grandes puissances se trouvaient en présence d'une situation délicate pour leur amour-propre et compliquée par le mauvais état des relations entre la Pologne et la Lithuanie. Le Conseil de la Société des Nations, saisi de l'affaire, fit adopter une convention faisant du Territoire de Memel *un pays autonome* (dans une certaine mesure) avec un gouverneur nommé par la Lithuanie ; — et du port, un port d'intérêt international, où la conciliation des intérêts est confiée à un représentant de la Société des Nations. Toute divergence d'opinion qui pourrait survenir entre un Membre de la Société et le Gouvernement lithuanien devra être déféré à la Cour de Justice Internationale.

LA POLOGNE ET L'ALLEMAGNE EN HAUTE-SILÉSIE

Un plébiscite. — La Haute-Silésie est une des plus importantes régions industrielles de l'Europe centrale. Un projet de traité de mai 1919 en donnait la plus grande partie (110.000 kilomètres carrés, 5 millions d'habitants) à la Pologne, d'après cette considération que la grande majorité de la population est de race polonaise et parle polonais. Sur les réclamations allemandes, en faveur desquelles on présentait des considérations historiques et économiques, le traité décida que la population, dans un délai de 6 à 18 mois, se prononcerait, le plébiscite devant être fait dans les conditions désirables d'indépendance ; la frontière serait tracée selon les votes. Après bien des controverses pour savoir si telles catégories d'habitants voteraient ou non, ces votes eurent lieu (20 mars 1921) : 710.000 voix allaient à l'Allemagne, 471.000 à la Pologne.

Les difficultés du partage. — Allait-on tracer la frontière ? Il y eut plusieurs lignes proposées dont aucune ne fut acceptée par le Conseil suprême[1]. La situation devint vite tragique. L'Angleterre et la France étaient en désaccord sur le tracé. Les délégués de la première voulaient qu'on laissât à l'Allemagne un « triangle industriel » comprenant toute la partie centrale, région d'usines, mais non les mines du sud ; la délégation française soutenait que les usines ne pouvaient être séparées politiquement des mines. Jusqu'où irait le différend ? D'un autre côté, tracer une frontière d'après toutes les majorités locales, c'était une tâche d'une complexité inouïe, les majorités opposées se trouvant enchevêtrées les unes dans les autres. Séparer des régions étroitement liées entres elles au point de vue économique, c'était préparer un avenir désastreux. Les

---

1. Rappelons que le Conseil suprême avait été formé des ministres des Affaires étrangères des Puissances alliées.

passions nationales s'exaspéraient : de *véritables armées*, de près de 30.000 hommes, Polonais et Allemands, commençaient la guerre ; le corps international d'occupation devait recevoir des renforts dont l'Allemagne entravait l'envoi ; un officier français était assassiné. Le Conseil Suprême restait divisé : il recourut à une mesure qui lui parut la dernière ressource, *la remise du conflit à la Société des Nations* (août 1921).

La question devant la Société des Nations. — Suivons dans son œuvre le Conseil de la Société, aidé par l'Assemblée dans laquelle les délégués de la France et de l'Angleterre, MM. Léon Bourgeois et Balfour, apportèrent leur esprit de conciliation. Les déclarations de ces deux hommes d'État sont à retenir, car elles formulent le principe de justice à la base de toute paix durable :

« La volonté du Conseil, dit M. Bourgeois, est d'examiner en toute indépendance et toute impartialité le problème si difficile qui est soumis à sa délibération. L'opinion ne se méprendra pas ; elle comprendra que cette méthode, semblable à celle que les tribunaux les plus indépendants cherchent à réaliser dans leurs propres procédures, sera la nôtre ».

Et M. Balfour : « Nul ne pourra croire que la question est traitée au point de vue d'un pays plutôt que d'un autre ».

Le 1er septembre 1921, le Conseil arrête un plan de travail pour l'étude de la question ; il confie cette étude à un comité de quatre membres non intéressés dans le litige : les représentants de la Belgique, de l'Espagne, du Brésil et de la Chine, qui s'entourèrent des conseils techniques nécessaires. Le comité se convainc qu'on ne peut tracer la frontière ni d'après le plébiscite, ni d'après les raisons économiques seules, mais qu'il faut prévoir, quelle que soit la ligne adoptée, un ensemble de mesures assurant la continuité de la vie économique. Il charge des experts de cette longue et difficile recherche des besoins de la région ; de l'étude de la distribution de l'eau, de l'énergie électrique, des échanges de combustibles, de matières premières et de main-d'œuvre, du régime douanier, du régime des chemins de fer, de la législation sociale. Puis, *il fixe la ligne-frontière* : ne pouvant éviter de laisser, de part et d'autre, des minorités assez importantes, il s'efforça d'égaliser autant que possible ces minorités, tout en attribuant à chacun des deux États une population totale correspondant au nombre des suffrages qu'il avait obtenus.

On devine la complexité d'un pareil tracé. Une convention entre l'Allemagne et la Pologne était recommandée pour assurer la « continuité de la vie économique », en tenant compte de tous les éléments précédents. Signée le 15 mai 1922, après examen des rapports de douze commissions, cette convention comprend 606 articles — c'est la plus longue qui ait été faite.

Ainsi se réglait une question qui divisait, non seulement les États directement intéressés, mais les puissances alliées et qui pouvait donner lieu à de graves conflits : il y a eu là un véritable triomphe de la Société des Nations.

CHAPITRE VI

L'OEUVRE POLITIQUE DANS LES BALKANS

SI, dans l'Europe profondément bouleversée par la guerre de 1914, on pouvait faire un classement parmi les zones dangereuses en considérant les causes de périls qu'elles présentent pour la paix, les pays balkaniques devraient être mis aux premiers rangs ! La question d'Orient qui, depuis près de deux siècles, a été marquée par tant de conflits n'a pu trouver dans les derniers traités de solutions acceptées par tous les peuples des Balkans et celles auxquelles on s'est arrêté peuvent provoquer de nouvelles difficultés.

Entre Grecs et Bulgares. — En octobre 1925, au sommet d'une montagne, le long de laquelle court la frontière entre la Bulgarie et la Grèce, des postes militaires se trouvaient à quelques mètres l'un de l'autre. Dans leur isolement, les soldats fraternisaient des deux côtés de la ligne, jouaient aux cartes, et parfois se disputaient. Un jour, une querelle s'aggrava ; un soldat ayant été tué, un combat s'engagea, des troupes placées en arrière accoururent et se battirent. Ce pouvait être la guerre entre les deux pays qui réunissaient en hâte des armées. L'incident s'était produit le 19 octobre : le Gouvernement grec donnait l'ordre de commencer l'offensive, le 21, à 8 heures du matin ! Heureusement, une intervention allait se produire, énergique et rapide.

Le matin du 23 octobre, le Secrétaire général de la Société des Nations recevait un appel du Gouvernement bulgare, invoquant les dispositions du Pacte. Le Conseil, convoqué en toute hâte, se réunissait à Paris, le 26 octobre. Le 23, son Président, M. Briand, avait rappelé par télégramme aux deux gouvernements leurs obligations de Membres de la Société, les exhortant à n'engager aucune action militaire avant la décision du Conseil. Celui-ci leur donna *60 heures* pour lui faire savoir qu'ils avaient retiré leurs troupes derrière les frontières ; des attachés militaires devaient vérifier l'exécution de la décision ; le 28 octobre, à minuit, la mesure était prise. Ajoutons que le 21 octobre, l'ordre d'Athènes de suspendre les opérations n'était arrivé sur le terrain des opérations que deux heures avant le moment où l'attaque devait se produire !

Le dénouement pacifique survint par la décision du Conseil d'inviter le gouvernement grec à payer à la Bulgarie, dans les deux mois, à titre de réparations, la somme de 45.000 livres.

L'alarme avait été chaude ! M. Chamberlain pouvait, en signalant la rapidité des mesures prises, montrer dans cet acte « un exemple remarquable de la conduite que doivent tenir les Membres de la Société lorsqu'un différend menaçant pour la paix vient à surgir entre eux ».

Le différend italo-grec. — Le 27 août 1923, trois officiers italiens, faisant partie de la Commission de délimitation de la frontière entre la Grèce et l'Albanie, furent massacrés sur le territoire grec dans une embuscade. Les événements se précipitèrent : une note immédiate du Gouvernement italien somma la Grèce de faire des excuses et de payer sans retard une indemnité de 50 millions de livres ; les Italiens débarquèrent dans l'île grecque de Corfou. Le Gouvernement grec — qui, en droit, aurait sans doute pu contester le principe de sa responsabilité, — accepta certaines conditions, mais en rejeta d'autres qui lui paraissaient par trop humiliantes, comme : le paiement de l'indemnité, la punition capitale des coupables (?) après enquête sous le contrôle de l'attaché militaire italien, l'exigence de faire rendre les honneurs à une flotte italienne qui se rendrait spécialement dans le port du Pirée, les navires helléniques arborant alors le drapeau italien, etc.

La Commission dont les officiers italiens faisaient partie avait été désignée par la *Conférence des Ambassadeurs* qui, se saisissant de l'affaire, invita la Grèce à faire une enquête immédiate. La Grèce y consentit, mais demanda l'intervention du Conseil de la Société en vertu du Pacte. Les parties en cause furent invitées à se présenter devant le Conseil.

La situation fut pendant plusieurs semaines exceptionnellement délicate ; en particulier — pour tout dire en un mot — il y avait lieu de craindre que l'Italie, qui admettait la compétence de la Conférence des Ambassadeurs, mais repoussait celle du Conseil, se retirât de la Société des Nations plutôt que d'en accepter les décisions, si elles ne lui donnaient pas entière satisfaction. Le risque était gros de conséquences pour le présent et pour l'avenir : après bien des débats au Conseil, on ne crut pas devoir l'affronter. La Conférence parvint à régler le litige : un mois après l'assassinat, les réparations avaient été fixées et payées, Corfou était évacué et les relations normales rétablies.

Que penser du rôle de la Société des Nations dans cette circonstance ? Peut-être ne pouvons-nous mieux faire que de reproduire l'appréciation suivante d'un éminent diplomate *grec* : « Grâce à la Société des Nations, la Grèce a pu discuter avec l'Italie devant le Conseil, en présence des représentants de la presse universelle. Elle a ainsi réussi à créer en faveur de son bon droit un courant irrésistible d'opinion. Sans la Société, l'affaire aurait été traitée uniquement par les grandes puissances qui auraient arrêté quelque arrangement au détriment de la Grèce. Le sort de Corfou aurait été probablement semblable à celui qui avait été réservé à l'Egypte en 1882 : tolérée à titre provisoire, l'occupation étrangère durerait encore ». (Politis, *Esprit international*, 1er janvier 1927.)

Ajoutons que le premier ministre anglais se félicitait, peu après, de l'action de la Société des Nations *par laquelle*, il l'affirmait, *on avait évité des événements extrêmement graves.* Enfin, les débats publics devant le Conseil n'étaient pas sans contenir une leçon...

En tout cas, en vue de l'avenir, le Conseil obtenait d'un Comité de juristes un avis affirmant que des questions comme celle qui venait de se poser étaient de la compétence de la Société, et qu'elle avait le droit d'appliquer, le cas échéant, les sanctions déterminées par le Pacte.

A propos de l'Albanie.[1] — Qu'un petit pays puisse être la cause, ou l'occasion, de grands soucis pour le maintien de la paix mondiale, l'histoire contemporaine en offre plus d'un exemple, mais il n'y en a pas de plus caractéristique que celui de l'Albanie, pays des montagnards et de pasteurs et qui n'a pas plus de 800.000 habitants.

Avant 1914 déjà, la diplomatie avait essayé de multiples combinaisons pour en assurer la tranquillité ; depuis la guerre, il n'y a pas d'années où il n'ait fallu s'en occuper — et, malheureusement, le dernier mot n'est sans doute pas dit. — C'est que l'Albanie a des clans rivaux qui ont tendance à s'appuyer sur des voisins différents ; c'est qu'elle est entourée par la Grèce et la Yougo-Slavie ; c'est qu'en face d'elle, à peu de distance, se trouve l'Italie qui se refuse à y laisser s'établir une autre influence que la sienne.

La Société des Nations a eu plusieurs fois à s'en occuper et elle l'a fait non sans succès

En 1920, elle l'admit comme Membre avec l'espoir d'en favoriser le développement pacifique et de servir la cause de la paix générale. En 1921, saisie d'une réclamation de l'Albanie qui se plaignait d'emplète-

---

1. On lira avec intérêt l'ouvrage de M. Justin Godart sur ce pays.

ments de ses voisins sur ses frontières encore mal fixées, elle arrivait à obtenir la reconnaissance à l'Albanie des territoires que la Yougo-Slavie lui avait contestés. Ce n'était pas sans peine, et lord Balfour, représentant de la Grande-Bretagne au Conseil, était en droit d'affirmer qu'« en dehors de la Société des Nations, aucun organisme, aucun homme au monde n'auraient pu faire ce qui avait été fait ». D'autre part, l'Albanie a reçu l'aide de la Société pour organiser sa vie économique, améliorer l'hygiène publique par l'action contre les maladies épidémiques, et pour soulager la famine qui y sévit en 1921.

Arrivé au terme de l'étude de l'œuvre politique accomplie par la Société des Nations, n'ayant pas dissimulé les difficultés et ce que certains résultats ont laissé à désirer, ne pouvons-nous pas conclure pourtant, en considérant l'ensemble, par le langage rappelé plus haut : « En dehors de la Société des Nations, aucun organisme, aucun homme au monde n'auraient pu faire ce qu'elle a fait » ?

TROISIÈME PARTIE

LES EFFORTS POUR PRÉPARER LA PAIX DE L'AVENIR

CHAPITRE PREMIER

DEVANT LE « TRIBUNAL DES NATIONS »

Les appels à la Cour permanente. — Cette juridiction mondiale, dont la mission est de faire entendre la voix du Droit en dehors et au-dessus de la politique, a eu à trancher des désaccords portant sur l'interprétation de telles ou telles dispositions des traités et conventions, et peu à peu, ainsi, le *Droit international se complète et se précise* — en attendant qu'il y ait un Code réglant certains rapports des peuples, comme il y a des Codes réglant les rapports entre individus.

On a soumis à la Cour tantôt des demandes d'avis consultatifs, tantôt des différends, et parmi ces derniers, il y en avait :

entre la France et l'Angleterre à propos de décrets conférant la nationalité française en Tunisie et au Maroc à certaines catégories d'étrangers ;

entre la France et la Turquie, au sujet de mesures prises par la Turquie contre le commandant d'un bateau français qui avait abordé un bateau turc ;

entre l'Allemagne et la Pologne, en désaccord sur la possession de certaines terres en Haute-Silésie, etc.

L'extension du rôle de la Cour. — Le « Traité de Lausanne » (1025) entre la Turquie et la Grèce, a déter-

miné la compétence de la Cour pour certains différends. *Les accords de Locarno* ont étendu cette compétence à un grand nombre de cas entre les Etats
signataires. Même extension prévue dans divers traités d'entente. *Vingt-sept Etats ont déjà accepté la juridiction obligatoire.*

Enfin, une adhésion particulièrement importante est
l'adhésion, malgré certaines réserves, des *Etats-Unis.*
Ceux-ci semblent avoir envisagé, pendant quelque
temps, la création d'une « Cour mondiale » qui ne
serait pas celle de la Haye. Mais les jugements de
la Cour permanente, son autorité morale incontestée, les
amenèrent à l'accepter, du moins dans des cas déterminés : on ne saurait trouver peut-être de plus fort
argument en faveur de l'institution.

Dans l'avenir... — A l'ouverture d'une session de la
Cour permanente, le Président définissait le rôle de
ce Tribunal suprême en des termes qui en montraient
la grandeur : « Ici, toute balance de forces, tout mar-
chandage sont exclus. La Justice s'élève au-dessus de
la mêlée où s'affrontent les intérêts et les passions des
hommes, des nations et des races ». En pensant à
cette conception et à l'accroissement présent de son
rôle, on peut espérer que la Cour sera, comme le
désirait Léon Bourgeois, « le vrai couronnement de
la Société des Nations, la colonne solide et inébranla-
ble à laquelle s'appuieront les peuples ».

CHAPITRE II

POUR LA COOPÉRATION DES INTELLIGENCES

La Coopération intellectuelle. — L'*Organisation de Coopération intellectuelle* a pour objet de développer, par une action méthodique et concertée, les échanges d'idées entre les peuples, l'entr'aide qu'ils peuvent se donner pour tout ce qui fait partie de la vie intellectuelle, et d'améliorer les conditions matérielles et morales des travailleurs intellectuels par des mesures étudiées en commun : de tels efforts ne peuvent manquer de former peu à peu l'esprit d'entente internationale.

Dans une de ses brochures, l'*Institut de coopération* expose les règles suivies : il ne s'agit pas d'intervenir dans l'élaboration des idées qui sont la matière de la vie de l'esprit du monde, mais de suggérer, d'encourager, de coordonner, pour améliorer les conditions du travail intellectuel.

Les œuvres. — 1° Analyse des principales études parues en tous les pays sur les relations et les échanges internationaux dans le domaine des sciences, des lettres, des arts et de l'enseignement — afin de voir les initiatives ou les progrès en cours.

2° Publications sur ces relations : sur les relations universitaires, les relations scientifiques, permettant à toutes les institutions et à toutes les personnes intéressées de connaître ce qui est fait sur le même terrain par d'autres qu'elles-mêmes.

3° Publication d'une *Liste d'ouvrages remarquables parus dans les différents pays* — guide précieux pour les chercheurs.

4° Enquêtes sur les bourses post-universitaires ; — sur les obstacles à la diffusion du livre, etc.

5° Appui aux associations et institutions internationales (dont un certain nombre ont pu ainsi avoir leurs services dans les locaux de l'Institut : Confédération des travailleurs intellectuels, Fédération internationale des professeurs de l'enseignement secondaire, celle des maîtres de l'enseignement primaire, etc.

6° Création de Commissions nationales de coopération intellectuelle, représentant les principales branches de la vie intellectuelle de chaque pays et en relations avec l'Institut.

7° Formation du Comité d'entente des grandes Associations internationales, groupant ainsi les multiples et précieuses activités qui travaillent aux œuvres de paix et d'éducation[1].

8° Formation d'un Office international du Cinéma scolaire, étudiant les problèmes si importants qui concernent l'utilisation du Cinéma pour l'instruction à l'école et dans les masses populaires, etc.

Que ce soit dans le domaine de la haute culture ou dans celui de l'éducation populaire, l'Institut de coopération est destiné à devenir l'un des centres de l'entente dans la vie intellectuelle, entente qui préparera et soutiendra l'union sur tous les autres terrains.

---

1. L'énumération de certains de ces groupements montre comment en faveur de la paix peuvent collaborer des associations différant par d'autres objets ou par les idées religieuses. Voici dans le Comité d'entente les représentants : de la Dotation Carnegie, des Unions chrétiennes de jeunes gens et de jeunes filles, des Éclaireurs (boy. scouts), des girl-guides, de la jeunesse catholique, de la jeunesse juive. Il y a là un enseignement précieux.

CHAPITRE III

L'EFFORT POUR AMÉLIORER LES CONDITIONS DU TRAVAIL

La nécessité de cet effort. — L'une des grandes innovations du traité de Versailles a été d'*introduire dans un traité politique la préoccupation d'améliorer la condition des travailleurs* en obtenant l'entente des Etats pour adopter des principes communs en matière de législation du travail. Comme nous l'avons dit, chaque fois qu'en un pays étaient proposées des mesures protectrices des salariés, on rencontrait l'objection tirée de la concurrence étrangère : sur ce point, ainsi que sur tant d'autres exposés au cours de cet ouvrage, ne fallait-il pas craindre que les nations les plus généreuses ne fussent victimes des autres ?

Déjà, en 1857, deux fabricants de Mulhouse adressaient à plusieurs gouvernements une lettre ouverte qui posait nettement la question : « Une loi internationale sur le travail industriel est l'unique solution possible du grand problème social de dispenser à la classe ouvrière les bienfaits moraux et matériels désirables, sans que les industries en souffrent et sans que la concurrence entre les industriels de ces pays en reçoive la moindre atteinte ».

En 1884, la Chambre des Députés française invitait le Gouvernement à « préparer l'adoption d'une législation internationale qui permettra à chaque Etat de protéger l'ouvrier, sa femme et son enfant, contre les excès du travail, sans danger pour l'industrie nationale. L'idée gagna du terrain ; en 1890, une Conférence internationale se réunit à Berlin ; en 1900, se fonda l'*Association internationale pour la protection des travailleurs* ; en 1901, à Bâle, un *Office international* qui tint ensuite des réunions annuelles ; dans deux Conférences officielles, à Berne, on élabora des projets de conventions sur l'emploi du phosphore blanc dans la fabrication des allumettes et sur l'interdiction du travail de nuit pour les femmes dans les fabriques. En 1910, débuta l'*Association internationale pour la lutte contre le chômage*, fondée par M. Léon Bourgeois.

Tous ces efforts avaient évidemment leur utilité, mais rendaient plus désirable encore une institution officielle, d'un fonctionnement plus sûr, d'une autorité plus reconnue pour hâter les consentements trop lents et pour permettre un progrès continu. M. Lloyd George, exprimant l'opinion du monde entier, disait : « Des millions de jeunes gens ont combattu pour un monde nouveau... Si nous ne faisons pas honneur à nos promesses, nous nous déshonorerons ». De puissants groupements ouvriers demandaient l'insertion dans les traités de clauses du travail, et le traité de Versailles, consacrant la partie XIII à ces clauses, contient une véritable *Charte des Droits des travailleurs* — comme le Pacte est la Charte des Droits et devoirs des nations.

En 1910, la Société des Nations n'était pas encore pratiquement constituée qu'à *Washington* se réunissait, conformément au Traité, le *premier Congrès international officiel* où les ouvriers et les patrons désignés par leurs associations aient pu faire entendre leur voix, et, avec les diplomates, essayer de réglementer les conditions du travail dans la majeure partie du monde. On y votait des résolutions à soumettre aux gouvernements sur l'adoption de la journée de huit heures, sur le placement, sur le travail des femmes et des enfants.

L'organisation internationale du Travail : Sa composition. — Cinquante-cinq États (Membres également de la Société des Nations) adhèrent à l'Organisation : ils comprennent une population totale de 1400 millions d'habitants, soit les quatre cinquièmes de l'humanité.

Deux organes sont institués : l'un, d'ordre législatif, la *Conférence générale*, composée des représentants des États et siégeant une fois par an ; l'autre, organe exécutif permanent, le *Bureau International du Travail* (Directeur : M. Albert Thomas), contrôlé par un Conseil d'administration.

Le budget est soumis au contrôle de l'Assemblée de la Société des Nations, mais *l'Organisation est autonome.*

Certains traits particuliers sont à remarquer :

1° La *Conférence* comprend pour chacun des pays deux délégués représentant le Gouvernement, mais aussi — afin d'assurer la représentation des catégories directement intéressées dans les questions du travail — un délégué des *organisations patronales* et un délégué des *organisations ouvrières.*

2° Les votes à la Conférence ont lieu non *par pays.* mais *par tête :* de justes revendications peuvent ainsi être soutenues, par exemple, par les délégués gouvernementaux, « départageant » les deux catégories d'intéressés.

3° Tandis qu'à l'Assemblée de la Société des Nations, l'adoption d'une mesure exige en beaucoup de cas *l'unanimité,* à la Conférence, une décision peut être prise à la *majorité.*

Par diverses dispositions, on a cherché — comme pour la Société des Nations — à *respecter la souveraineté des États.* L'Organisation ne saurait *imposer* de décisions aux gouvernements : elle leur présente. notamment, des *recommandations* officielles qu'ils doivent soumettre à l'autorité compétente (en général, les Parlements) ; ils se sont engagés à faire connaître ensuite l'acceptation ou le refus.

Ainsi, nous retrouvons la même situation qu'à la Société et la même conclusion s'impose : *il faut trouver des terrains d'entente.*

C'est dire quelle suite d'efforts habiles, prudents et persévérants, s'imposent, particulièrement à l'organe d'exécution, le Bureau du Travail, et à son Conseil d'administration, composé de douze délégués gouvernementaux, de six représentants patronaux et de six représentants ouvrières ; huit gouvernements — ceux des principaux Etats industriels — doivent y être représentés.

Les principes à appliquer d'après le Traité de Versailles. — Les auteurs du traité ont présenté à la suite du préambule que nous avons reproduit une observation à bien connaître pour ne pas croire qu'on se propose d'établir une législation du travail unique :

« *Les différences de climat, de mœurs et d'usages, d'opportunité économique et de tradition industrielle, rendent difficile d'atteindre, d'une manière immédiate, l'uniformité absolue dans les conditions du travail* ».

Mais, sous cette réserve, des principes féconds sont formulés, que domine celui-ci, profondément humain:

« *Le travail ne doit pas être considéré simplement comme une marchandise ou un article de commerce* ».

La Déclaration demande pour les travailleurs :

le droit d'association ; un salaire leur assurant un niveau de vie convenable ; l'adoption de la journée de huit heures (ou de la semaine de quarante-huit heures) ; le repos hebdomadaire ; des mesures apportant au travail des enfants les limitations nécessaires pour leur permettre de continuer leur éducation et d'assurer leur développement physique ; le principe du salaire égal, sans distinction de sexe, pour un travail de valeur égale ; un traitement équitable aux travailleurs étrangers ; la création d'un service d'inspection (comprenant des femmes).

Les difficultés. — Les tâches ainsi déterminées sont extrêmement délicates et ici encore, il faut se garder des conceptions simplistes, causes d'illusions suivies d'indifférences ou de découragement. On se trouve en présence de ces questions du travail que, même dans l'intérieur du pays, chaque Gouvernement a tant de peine à résoudre, et les difficultés ne viennent pas seulement des divergences d'intérêts entre États, mais encore de celles qui existent entre des catégories sociales.

Tenons-nous en, étant donné notre but, aux obstacles qui viennent des États : on se heurte encore trop souvent à la crainte des Gouvernements de nuire à la production nationale en adoptant, par exemple, une réduction de la journée de travail quand d'autres ne l'ont pas encore acceptée ou s'y refusent. De là, des lenteurs à souscrire aux « recommandations » ou l'acceptation *sous réserve* que tels ou tels pays prennent les mêmes dispositions. C'est ainsi qu'en 1925, la France — où, en fait, la journée de huit heures est appliquée dans la plupart des industries — ne ratifia sur ce point la *Convention de Washington* qu'à la condition d'une ratification analogue par l'Allemagne [1].

Est-il besoin, d'autre part, d'insister sur la nécessité, en de telles questions dont des solutions improvisées, hâtives, peuvent être funestes à toute l'activité

---

1. Ainsi s'explique la mélancolique remarque que, dans son rapport de 1927, M. Albert Thomas, avec une sincérité qui lui fait honneur, présentait, après avoir montré l'œuvre réalisée malgré tout :

« Mais, comment n'aurions-nous pas conscience de l'immense écart, de l'abîme qui existe entre ces résultats et les espérances qu'en 1919 l'humanité, un instant soulevée au-dessus d'elle-même, avait conçues ? Lorsqu'après la catastrophe de la guerre, elle tentait d'organiser sa vie solidaire et pacifique, lorsque, selon les mots du poète Alfred de Vigny, les peuples « se découvraient » les uns les autres,

« mettant aux coups mutuels le premier appareil » l'illusion régnait partout qu'immédiatement la vie internationale allait s'épanouir, qu'une nouvelle ère devait s'ouvrir.

La réalité est autre. Les institutions internationales ne pourront s'imposer que par un long, tenace et patient effort. C'est l'expérience que font nos amis de la Société des Nations pour l'établissement de la sécurité internationale et pour le désarmement. Les appréhensions, les inquiétudes qu'ont enracinées dans le cœur des hommes les hostilités séculaires ne peuvent en être arrachées d'un seul coup. Les États souverains continuent de vouloir trouver en eux-mêmes leurs garanties et leurs sécurités. Ainsi en est-il également dans le domaine social ».

d'un pays, d'une étude minutieuse, méthodique, dont les éléments sont très difficiles à réunir ? Par exemple, l'ordre du jour de la Conférence de mai 1928 comporta la question suivante : « Méthode de fixation des salaires minima ». Il faudrait nous représenter l'immense travail indispensable pour proposer seulement les principes généraux d'une semblable fixation, dont les conséquences peuvent être considérables. N'oublions pas le sens profond du titre donné par Bastiat à l'un de ses ouvrages : *« Ce que l'on voit et ce que l'on ne voit pas »*.

L'activité de l'Organisation internationale. — D'une part, beaucoup de projets de conventions ont été ratifiés par des Gouvernements. Ils portent sur : la durée du travail, le chômage, le travail des enfants et celui des femmes, sur le congé à accorder aux femmes avant et après l'accouchement, la condition des travailleurs étrangers, etc.

D'autre part, le Bureau international déploie, dans des domaines très divers une activité considérable. Il réunit sur les questions économiques et sociales une documentation qui est un des éléments de cette étude méthodique dont nous avons fait entrevoir l'utilité. Il est en relations suivies avec les Gouvernements, avec les Universités, avec l'Institut de Coopération intellectuelle, avec les associations de mutilés et d'anciens combattants, et, faisant preuve de l'éclectisme désirable dans un organisme fondé pour réaliser plus de justice, il est en rapports avec les syndicats fascistes d'Italie, avec les syndicats socialistes, les syndicats chrétiens. Il fait une part importante dans ses travaux aux travailleurs agricoles, aux employés, aux travailleurs intellectuels, aux œuvres coopératives. Il est le collaborateur de la Société des Nations pour les questions économiques.

Les résultats obtenus. — Si les efforts en vue d'une

législation internationale du travail se heurtent à bien des résistances, les résultats auxquels ont est arrivé sont, par suite, particulièrement méritoires. Voici ce qu'en disait M. Albert Thomas dans son dernier rapport et nous ne pouvons mieux faire que de le citer :

« Quand le chiffre des conventions ratifiées passe de 194 à 229 ; quand la convention des huit heures sort enfin de l'obscurité silencieuse où on la tenait pour devenir l'objet des préoccupations gouvernementales et parlementaires dans les grands pays industriels et qu'elle est déjà ratifiée sans conditions par l'un d'entre eux ; lorsque plusieurs milliers d'ouvriers boulangers jouissent déjà, par l'effet de premières décisions, du repos nocturne qu'a voulu leur assurer la Conférence internationale ; lorsque la plaie du chômage se trouve adoucie par les dispositions préconisées à Washington ; lorsque les marins japonais nous écrivent pour nous dire leur joie de voir enfin institué, en vertu d'une convention ratifiée, un juste placement paritaire ; lorsque les malheureux émigrants, inconsciemment peut-être, mais réellement, profitent de l'œuvre d'information du B. I. T. et obtiennent les mêmes garanties ou les mêmes indemnités que les travailleurs nationaux ; lorsque 35.000 réfugiés russes ou arméniens, sans emploi et parfois sans secours, ont été établis tantôt comme salariés, tantôt comme libres paysans, par les soins de notre Organisation ; lorsque des milliers de peintres sont enfin défendus contre l'affreux saturnisme ; lorsque, d'année en année, de nouveaux allumettiers sont sauvés de la nécrose ; lorsque, dans de multiples pays, les mères ouvrières peuvent jouir de repos et de secours pour mettre au monde et allaiter leurs enfants ; lorsque s'organise, par la commune volonté d'hommes de bien, le séjour salubre et heureux des marins à terre ; lorsque, au fond des campagnes, par l'effet de la réglementation internationale, les travailleurs des étables quittent leur paillasse sans draps pour jouir d'un logement humain ; lorsque, en Extrême-Orient, dans l'Inde, au Japon s'édifient peu à peu des monuments législatifs qui ont comme fondations solides les conventions internationales ; lorsque, au fond de l'Afrique, des travailleurs indigènes sont libérés du travail forcé, protégés dans leur santé ou équitablement rémunérés de leurs peines, grâce à nous ; alors, au soir de l'année, le B. I. T. pourra attendre sans trop d'inquiétude le jugement qui sera porté sur son œuvre ».

CHAPITRE IV

POUR PRÉPARER LA PAIX ÉCONOMIQUE

Les questions économiques et la paix. — Une théorie, socialiste dans certaines de ses origines, considère que la plupart des guerres auraient en réalité des causes économiques. Ce n'est pas le lieu de l'examiner, mais comment pourrait-on se dissimuler que les conditions de la production et du commerce sont un élément prépondérant de la nature des rapports entre les peuples ; que, parmi les nations, il en est qui, pour cette raison, en tiennent d'autres sous leur dépendance ; que les relations internationales sont, d'une manière continue, influencées par les situations respectives à cet égard ; que tel tarif douanier, par exemple, peut amener un sentiment d'aigreur, des représailles qui prédisposent à une attitude peu favorable dans d'autres questions ?

Il en a toujours été plus ou moins ainsi : avec la multiplication des communications, des échanges, avec l'extension des industries, cette situation sera de plus en plus caractérisée, dans un monde de plus en plus actif et de plus en plus resserré, en quelque sorte, par les moyens de transporter les hommes, les produits et les idées. Les questions économiques « conditionneront » chaque jour davantage les questions purement politiques : la stabilité de la paix est fonction, en partie, des solutions qu'on trouvera à ces questions.

Or, l'après-guerre a donné le spectacle d'un monde où, d'une part, il y a bien des ruines, et, dans lequel, d'autre part, la plupart des nations, même celles qui se sont enrichies, se sont enfermées dans des barrières douanières qu'elles jugent nécessaires, les unes pour profiter de leur suprématie économique, les autres pour que la concurrence étrangère n'entrave pas leur relèvement. Par exemple, des États, demeurés jusqu'à la

Guerre artisles du libre échange sont devenus protectionnistes ; les Etats précédemment protectionnistes le sont,
naturellement, bien davantage aujourd'hui !

En même temps, grandit le mouvement de concentra-
tion qui a produit les trusts et les cartels, utiles à l'es-
sor industriel, disent leurs partisans, mais pouvant
aspirer à la toute-puissance dans leurs domaines respectifs ; or, les bons tyrans sont rares dans l'histoire !
D'un autre côté, la possession des matières premières de
l'industrie, le désir d'en acquérir, risquent d'être des causes de conflits : à quels drames pourraient donner lieu les
questions du coton, du caoutchouc, du charbon, du
pétrole, de tel autre produit qu'on trouvera peut-être
demain ?

Peut-on changer les conditions qui recèlent un danger
éventuel ? Peut-on peu à peu sur ce terrain trouver
ce qui rapprocherait les peuples, ce qui remplacerait
les divisions par la solidarité ? Questions redoutables
et singulièrement complexes que la Société des Nations
ne pouvait passer sous silence sans négliger l'une des
parties capitales de toute grande œuvre de paix. Faut-il
ajouter qu'elle le pouvait d'autant moins que son domaine d'action immédiate est l'Europe, et que nous
nous trouvons en présence d'une Europe où les rema-
niements ont créé des morcellements nouveaux, où,
avec les barrières de douanes qui les ligotent, la plupart des pays ont un marché extrêmement restreint —
tandis qu'il n'y a pas de douanes sur la surface des
Etats-Unis, grands comme les neuf dixièmes de l'Europe [1].

1. Que les questions économiques — c'est-à-dire les intérêts
— aient une importance capitale pour la paix, comment ne
s'en rendrait-on pas compte par la comparaison avec une
situation trop fréquente, hélas ! dans la vie courante : combien d'amitiés brisées, combien de familles désunies, par de
semblables questions ! — Entre peuples que lie une très
ancienne amitié cimentée par quatre années de souffrances
et de sacrifices, la Belgique et la France, quelles difficultés
ont rencontrées pendant des années, les négociations sur la
signature d'un traité de commerce !

Les questions économiques et la Société des Nations à son début. — Le premier acte fut la réunion, en 1920, à *Bruxelles*, d'une *Conférence financière* en vue de trouver des remèdes à la désorganisation générale de l'Europe. Trente-neuf États, dont l'Allemagne et les États-Unis, y étaient représentés, et on adopta tout un ensemble de doctrines financières destinées à guider les gouvernements dans les questions de budgets, de monnaies, d'émission de billets. Tout ce que nous pouvons dire ici c'est qu'en divers pays on s'en inspira pour résoudre les problèmes variés de cet ordre. De plus, les résultats encouragèrent à former, dans la suite, des organismes économiques : *l'Organisation économique et financière*, chargée d'étudier les questions de cet ordre et *l'Organisation des Communications et du Transit.*

Les œuvres qui suivent n'ont pas seulement maintenu la paix : on peut croire que, par leurs résultats permanents, elles éviteront à l'Europe, dans l'avenir, bien des perturbations.

Le relèvement de l'Autriche. — L'Autriche-Hongrie d'avant-guerre avait 52 millions d'habitants : l'Autriche actuelle n'en compte plus que six, dont deux dans sa capitale seule.

Privée de la plupart des éléments de sa vie économique précédente, politiquement et socialement troublée, l'Autriche se trouva aux prises avec des difficultés financières sans cesse grandissantes. Des emprunts ne lui suffisaient plus, d'autres n'étaient pas couverts; de diverses parties du monde, elle dut solliciter et elle reçut des secours, mais cette charité ne pouvait subvenir qu'à des besoins courants. Ce fut la détresse, la misère, répandues dans la belle Vienne de jadis : la couronne, un moment, n'eut plus que la quinze-millième partie de sa valeur-or, et elle poursuivait sa chute ! C'était, sous peu, la famine — la famine à Vienne, en 1922 !

Le chancelier Seipel vint exposer au Conseil suprême

la tragique situation : le Conseil fit connaître à la Société des Nations que les gouvernements ne pouvaient plus rien... N'allait-on pas acculer l'Autriche à la révolution et, ce qui n'était pas moins grave, ne surviendrait-il pas un appel désespéré de sa part à l'Allemagne pour se réunir à celle-ci [1] ?

La Société des Nations sauva l'Autriche, et sans aucun doute, évita ainsi à l'Europe un cataclysme.

Saisie de l'affaire, elle élabora, entre le 15 août 1922 et le 4 octobre, un plan méthodique de restauration : l'indépendance de l'Autriche était garantie ; le paiement des dettes résultant de la guerre, suspendu pendant vingt ans ; un emprunt de reconstruction était gagé sur les ressources d'État ainsi libérées et garanti par les gouvernements ; l'équilibre du budget devait être obtenu par des réformes dans les services ; un Commissaire général (Hollandais) était chargé du contrôle.

Les résultats furent aussi rapides que remarquables : l'arrêt de l'inflation, le relèvement de la monnaie devenant la plus stable de l'Europe ; un emprunt de 50 millions de couronnes-or fut en peu de temps souscrit par le pays lui-même ; un autre de 27 millions de livres remboursables en vingt ans eut le même succès : il était garanti par neuf États et gagé par le revenu des douanes et des tabacs. — Sans doute, l'Autriche a été atteinte, depuis plusieurs fois, par le malaise économique général qui a sévi dans toute l'Europe, mais l'amélioration était considérable et le Conseil de la Société des Nations, tout en réservant certains contrôles, a pu supprimer, en 1926, le Commissariat général.

On devinera facilement qu'il a fallu dans tout ce travail de restauration des efforts minutieux, patients et multiples que nous ne pouvons décrire, et l'on a le

---

1. Le chancelier Seipel ne dissimula pas l'éventualité : « Ou donnez-nous les moyens de vivre indépendants ou ne vous étonnez pas de nous voir rallier l'Allemagne ».

devoir de reconnaître qu'aucun organisme existant autre que la Société des Nations n'aurait pu atteindre à ces résultats. L'expérience acquise a d'ailleurs servi en d'autres pays : on en a appliqué les principes dans le « plan Dawes » pour les paiements de l'Allemagne et nous allons les retrouver dans l'œuvre financière de la Société en Hongrie, en Grèce et en Bulgarie.

La restauration de la Hongrie. — A la fin de 1923, la situation financière de la Hongrie amena ce pays à demander à son tour l'aide de la Société des Nations. Celle-ci élabora un plan qui s'inspirait du précédent : étude exacte de la situation ; émission d'un emprunt tel qu'il ne dépassât point les capacités de paiement et qu'il ne servît pas à un autre objet que de parer aux circonstances. Comme en Autriche, on prit des mesures pour qu'un contrôle fût exercé afin d'empêcher les fonds reçus d'être employés autrement qu'à la restauration, l'indépendance financière du pays étant d'ailleurs réduite au minimum. La confiance inspirée par la Société fit que l'emprunt pût être couvert rapidement, même sans garantie de gouvernements étrangers.

L'aide à la Grèce et à la Bulgarie. — Après les guerres turco-grecques, 1.500.000 *réfugiés grecs* avaient dû regagner leur patrie, la plupart sans ressources. On se représente quelle situation difficile en résultait pour le Gouvernement grec : ses efforts, ceux d'associations de bienfaisance de divers pays, étaient insuffisants.

Le Conseil de la Société, auquel le Gouvernement fit appel, appliqua un programme d'établissement des réfugiés ; il autorisa un emprunt, demanda au Gouvernement hellénique de donner les terrains qu'occuperaient les réfugiés. 700.000 Grecs ont reçu des secours pour leur établissement dans la presqu'île, notamment en Macédoine, ou dans les îles ; 60.000 maisons ont été construites ; le travail agricole et le travail industriel donnent d'importants résultats.

Une situation ayant de l'analogie avec la précédente se présentait pour la Bulgarie. *Plus de 200.000 réfugiés* y étaient arrivés dans ces dernières années dénués de tout. Par un emprunt dont l'emploi fut contrôlé, la Société des Nations aida le Gouvernement bulgare.

Ce sont là de grandes œuvres d'humanité, ce sont de plus des œuvres d'importance politique : dans des pays aussi fréquemment agités, quelles complications ces populations errantes pouvaient amener — ou, au moins, préparer pour un avenir plus ou moins éloigné !

Améliorations dans les relations économiques internationales. — Nous ne sommes sans doute pas près de voir disparaître bien des obstacles à la circulation entre pays des produits ou même des voyageurs. Mais les Commissions de la Société étudient les améliorations qui pourraient être obtenues à bref délai — certaines l'ont été — avec un peu de bon vouloir des Gouvernements : simplification des formalités aux frontières pour la visite des bagages à main, acheminement direct des marchandises ; réduction des droits de passeports (ces droits sont de 3.000 francs en Pologne !) ; suppression des interruptions et des gênes dans le transit (transport des marchandises qui, entre le pays expéditeur et le pays d'arrivée ne font que traverser les pays intermédiaires). Ces améliorations n'ont sans doute pas une importance de premier ordre, mais elles évitent des ennuis, des retards, des dépenses, et il ne faut pas oublier que rien n'est insignifiant de ce qui peut aider aux bons rapports internationaux.

Préparation d'une Conférence économique internationale. — Un article du Pacte charge la Société des Nations « de veiller à ce que ses membres prennent les dispositions nécessaires pour assurer... un équitable traitement de leurs commerces réciproques ». En 1925, l'Assemblée jugea le moment venu de demander au Conseil la préparation d'une *Conférence économique internationale* chargée d'aborder dans son ensemble le problème économique dont nous avons montré l'importance.

Cette préparation fut faite par un *Comité technique* dont la composition est intéressante à connaître pour apprécier la valeur de ses travaux : des industriels, des commerçants, des représentants des classes ouvrières, des consommateurs et des agriculteurs, des membres du Bureau international du Travail. Deux sessions eurent lieu en 1926 ; une documentation considérable fut réunie, dans le même esprit de méthode qui caractérise toutes les œuvres techniques de la Société. L'ordre du jour de la Conférence, fixée en mai 1927, fut établi de manière à permettre de donner une vue générale de la vie économique (on ne peut rien réaliser sans cette étude préalable), et, en même temps, de discuter plus à fond les questions pour lesquelles des résultats pratiques peuvent être obtenus sans une longue attente.

La Conférence économique. — La session dura dix-neuf jours (du 4 au 23 mai 1927) ; 50 pays, dont les États-Unis, l'Égypte, la Turquie et la Russie, y participèrent ; on comptait 194 délégués — dont trois femmes représentant des organisations féminines — et 157 experts, désignés par leurs gouvernements.

Ne pouvant donner qu'un aperçu des travaux de la Conférence, nous voudrions du moins mettre en relief l'esprit de ces travaux[1].

La Conférence exprima sa conviction que le maintien de la paix dépend en grande partie des politiques économiques des diverses nations ; qu'il convient, par suite,

----

1. Voir les *Résumés mensuels de la Société des Nations*, juin et juillet 1927.

d'établir un certain nombre de principes destinés à éliminer les difficultés économiques

« Le moment est venu de mettre fin à l'accroissement des tarifs douaniers par une action parallèle et concertée des nations. »

Sur les ententes industrielles (cartels, trusts...) on adopta l'opinion qu'elles peuvent améliorer la production, réduire le prix de revient, donner plus de continuité dans le travail, mais « qu'elles ne doivent pas restreindre l'approvisionnement d'un pays quelconque en matières premières ou en produits de base.

De nombreux vœux furent adressés à la Société des Nations et aux Gouvernements sur : la réduction des armements, la nécessité d'instruire le grand public des questions économiques, la simplification des formalités douanières et des tarifs, et, naturellement, sur la diminution des tarifs de douanes, etc.

Dira-t-on que ce sont seulement des vœux, ou, selon le terme officiel, des « *recommandations* » dont les États peuvent ne pas s'inspirer ? Mais n'oublions pas que la Conférence ne pouvait rien *imposer !* Les représentants des Gouvernements ont d'ailleurs pour la plupart assuré que leurs pays respectifs tiendraient compte des recommandations présentées. Pour les résultats positifs, il faut compter sur le rôle que pourra jouer un *Comité économique* dont la création a été demandée. la Conférence ne devant pas être considérée comme un acte isolé, mais « comme une étape dans l'œuvre de collaboration continue qui a commencé à se manifester dans le domaine économique avant sa réunion et qui se poursuivra après la conclusion de ses travaux. »

La première application d'une « recommandation ». — Or, en octobre 1927, un fait intéressant est survenu qui montre l'idée de coopération économique internationale gagnant du terrain malgré tous les obstacles.

La Conférence avait adopté parmi les recommandations celle d'*abolir les prohibitions et restrictions à l'importation et à l'exportation* : elle vient d'avoir en partie satisfaction.

De quoi s'agit-il ? Sous prétexte de sauvegarde économique, beaucoup d'États interdisaient la sortie ou l'entrée de certaines matières premières. Pendant la guerre, ces mesures étaient nécessaires, mais depuis ?... Depuis, elles persistaient pour la plupart (au grand profit des spéculateurs) : les États de l'Europe centrale prohibaient les peaux, l'Allemagne le charbon, la Roumanie le pétrole brut, l'Angleterre les colorants, etc. ; quant à la Pologne, elle avait stipulé 811 prohibitions !

En octobre 1927, à Genève, 28 *États se sont engagés à supprimer les prohibitions*, et à ne les rétablir que dans certaines circonstances exceptionnelles : grèves, calamités nationales — guerre... Et, disposition importante à un autre titre : tout manquement aux engagements pris sera déféré à la Cour de la Haye. On a pu dire que la fin du régime absurde des prohibitions est « comme un vaste traité de commerce englobant une grande partie de l'Europe » : dans l'état présent d'isolement économique, n'est-ce pas un signe des temps et une preuve qu'à Genève tout n'aboutit pas qu'à des vœux [1] ?

1. En 1927 a été constitué le *Comité économique* dont le Président est M. Theunis, ancien Ministre Belge, et l'un des vice-présidents, M. Loucheur, le promoteur de la Conférence précédente.

CHAPITRE V

POUR ORGANISER LA PAIX

Mieux assurer la paix dans le monde : c'est la grande
œuvre que les peuples souhaitent avant tout voir réalisée ; c'est cela que, plus ou moins consciemment, ils
attendent de l'existence d'une Société des Nations. Sans
doute, ils auraient tort de méconnaître ses efforts et ses
résultats dans les autres voies. Les études précédentes
permettent de croire que certains des moyens les plus
sûrs d'arriver à la paix se trouvent dans les œuvres qui,
on l'a vu, créent peu à peu des liens économiques, sociaux et moraux entre les États. Mais il est naturel
qu'on souhaite surtout l'emploi et le succès des moyens
directs de paix, la fin du cauchemar qui, à travers les
siècles, a été s'aggravant à mesure qu'on pouvait prévoir le développement des guerres en étendue et en horreur. Depuis des siècles, c'est le vœu de bien des penseurs, c'est surtout celui des pères et des mères — et,
au cours de la grande tourmente, ce fut le souhait et le
suprême espoir de ceux qui souffrirent et de ceux qui
tombèrent !

Les difficultés. — Combien d'obstacles à vaincre !
Des intérêts, des amours-propres, des traditions, des
tendances impérialistes, et par dessus tout, l'état d'esprit de tant de populations, qui fait croire que l'étranger est nécessairement un rival, un ennemi.

Et comme, malheureusement, il en est ainsi en beaucoup de points du globe, comme des agissements amè-
rent à supposer des projets hostiles, les peuples les
plus pacifiques jugent que leur devoir est, tout en cons-
truisant le temple de la paix, de garder à leur portée les
glaives destinés à les défendre !

Une conception : Le désarmement immédiat, total ? — Voici une conception séduisante, car elle est radicale et simple : pour supprimer les causes de guerre, supprimons armées, armes et munitions, dans le monde entier.

Hélas ! s'il suffisait d'une telle mesure pour le résultat auquel il n'est personne qui n'aspire, l'aveuglement des gouvernements de tous les temps serait criminel et combien une Société des Nations serait coupable de ne pas l'avoir déjà prise ! Mais fait-on un monde nouveau par une formule ?

Supposons la mesure proposée de bonne foi par un peuple, même par le plus puissant du monde. Comment en imposer l'observation aux autres, à tous les autres ?

Supposons l'invraisemblable réalisé : il n'y a plus d'armées ni d'armements. A-t-on supprimé du même coup, dans tout l'univers, les sentiments, les intérêts, qui divisent les peuples, comme tant d'autres divisent les individus dans chaque pays, et parfois même dans les familles ? Et s'il n'y a plus d'armements proprement dits, empêchera-t-on une nation nombreuse d'en écraser une plus faible, même avec des moyens rudimentaires, que d'ailleurs elle aura vite fait de remplacer par de plus efficaces ?

Désarmement complet, immédiat : beau rêve, peut-être, mais rêve ! Solution certes souhaitable, mais solution dangereuse pour les nations les plus faibles, et aussi pour les plus loyales dans l'exécution de leurs engagements ; solution qui, prématurément adoptée, serait une solution paresseuse, car elle n'exigerait aucun changement de mentalité, aucun sacrifice de la part des individus, alors que le désarmement « militaire » ne peut être que le résultat des efforts combinés des gouvernements et des individus, réalisant en eux-mêmes un désarmement « moral », qui prépare l'autre, y collabore, l'active, mais sans lequel toute mesure serait insuffisante.

Et c'est en ne perdant pas de vue le but à atteindre

ni les réalités qu'il faut, croyons-nous, suivre la Société des Nations dans sa marche vers la paix.

Le Pacte et la paix. — Rappelons le sens de ses dispositions en vue de la paix.

Après avoir proclamé son dessein « garantir aux nations la paix et la sécurité » et avoir prescrit l'observation de certains principes (qui, on l'a vu plus haut, s'ils étaient appliqués par tous les peuples, maintiendraient la paix par la confiance), le Pacte règle la procédure à employer en cas de difficultés internationales. L'esprit qui dicte cette procédure est inspiré du souci d'amener les États à ne faire la guerre qu'après avoir recouru à un arbitrage et qu'après un certain délai suivant l'échec des tentatives de conciliation.

En acceptant le Pacte, les membres de la Société ont reconnu : que le maintien de la paix exige la réduction des armements au minimum compatible avec la sécurité nationale ; et que la fabrication privée des armes de guerre et des munitions peut constituer un grave danger. Ils ont pris l'engagement de se renseigner mutuellement « de la manière la plus franche et la plus complète » sur l'état de leurs armements. Surtout, ils ont accepté les obligations suivantes (article 16) : *rompre immédiatement* avec tout Membre de la Société qui recourrait à la guerre contrairement aux prescriptions de soumettre les différends au Conseil ou à la Cour de Justice ; *fournir les effectifs* militaires, navals ou aériens contribuant aux forces armées par lesquelles la Société pourra faire respecter les engagements pris. Ce sont donc là des obligations : d'une part, de mettre en état de blocus le pays en cause ; d'autre part, le cas échéant, d'agir militairement contre lui. Est-il besoin de faire ressortir que ces dispositions sont, dans l'exécution, d'une gravité exceptionnelle à laquelle correspondrait celle de leurs conséquences ?

Aussi bien, il est hors de doute que ce qu'il faut souhaiter, c'est qu'on n'en arrive pas à ces extrémités et que, notamment, on parvienne à *diminuer les moyens de guerre*, lesquels ont donné trop souvent à des gouvernements la tentation de s'en servir ! Si le désarmement n'assure pas la paix, le maintien ou l'augmentation des armements risquent d'amener la guerre. La Société des Nations n'allait avoir à résoudre aucun problème plus angoissant et plus difficile.

Comment se présente la question du désarmement. — D'abord, le mot même de *désarmement* demande à être examiné. Il est commode, produit sur les peuples une forte impression, mais il est en réalité inexact : le *désarmement complet n'est pas possible :* parce qu'il restera longtemps des risques de guerre, parce que, — nous l'avons dit — s'il était réalisé, on se battrait autrement pendant le temps nécessaire pour se réarmer. Mais ce qu'on peut espérer pour un avenir moins lointain, c'est : d'abord *limiter les armements* — première étape — ; ensuite, les *diminuer* — seconde étape. — Dans ce sens s'est orientée l'œuvre de la Société.

Seulement, même ainsi réduite, cette œuvre rencontre des obstacles difficiles à surmonter ou à tourner. Qu'il en surgisse du côté de gouvernements qui auraient une arrière-pensée de guerre, c'est trop évident. Mais par suite de la crainte venant de là, les nations qui, elles, sont sincèrement pacifiques sont amenées à subordonner leur « désarmement » à l'existence d'un moyen de résoudre pacifiquement les différends: *l'arbitrage*, et, pour le cas où la décision de l'arbitre ou du juge n'empêcherait pas l'autre partie d'entrer en guerre, à l'existence de *garanties pour leur sécurité*. Considérons, par exemple, la situation de la France : si elle désarme et si elle est attaquée, que fera-t-elle — que feront les Membres de la Société des Nations pour l'aider à se défendre ?

Le commerce des armes. — Depuis 1920, l'Assemblée, le Conseil de la Société des Nations cherchent la solution, — les solutions, — de ces questions dans des voies diverses : on leur reproche parfois des lenteurs, des reculs, mais combien il est difficile de préparer la paix! La lecture des *Résumés mensuels* que publie la Société des Nations montrerait aux esprits simplistes ou secptiques, avec les complications de toute sorte, *l'effort intassable* accompli, sans arrêt, à Genève.

Voici une question, en quelque sorte préparatoire à celle du désarmement, et qui paraît plus facile à résoudre : *réglementer le commerce international des armes de guerre*. (Il ne s'agit même pas d'en réglementer la fabrication). « Mais à serrer de plus près le problème, que de controverses surgissent ! Qu'est-ce qu'une arme de guerre ? Qu'est-ce qu'un armement ? Faut-il considérer comme armement tout aéronef et toute automobile blindée ?... Où commence l'aviation militaire ? Où finit l'aviation civile ? Lorsqu'il s'agit de déterminer les zones dites de prohibition où l'entrée des armes sera interdite, on devine l'empressement avec lequel chaque État, au nom de sa souveraineté, prétend soustraire son territoire ou celui de ses colonies à cette sorte de mise à l'index ». (Carton de Wiart, *Revue des Deux-Mondes*, 1er juillet 1927).

Les discussions sur le désarmement. — 1° De 1920 à 1922, *l'opinion dominante dans les réunions de Genève était de faire porter l'effort sur le désarmement, indépendamment de la sécurité*, d'amener la réduction des armements conformément à un barème qui fixerait l'effectif maximum pour chaque pays en tenant compte de ses conditions. Mais, quelles conditions ? On proposa successivement le nombre des soldats sous les armes, le nombre d'unités militaires, les dépenses d'armements : il fallut renoncer à s'entendre sur un critérium et surtout on rencontra la grande objection de la sécurité.

2° Depuis, il fallut donc *lier le désarmement à la sécurité*. Les controverses ne furent pas moins vives. Nous voudrions convaincre que les oppozitions ne procédaient pas, en principe, d'égoïsme, de mauvaise foi, d'arrière-pensées. Mais il est difficile à chaque État d'oublier les conditions propres de son existence. Ainsi que l'a dit Napoléon : « La politique des États est dans leur géographie ». Comment obtenir du Chili un engagement d'aider la sécurité d'un pays européen — et réciproquement — ? L'Angleterre admet bien la réduction des forces terrestres, mais, avec son empire colonial, elle n'est pas disposée à réduire ses forces maritimes !

S'agit-il d'un *pacte de garantie* ? L'Angleterre se refuse à engager toute sa puissance dans les multiples conflits qui peuvent se produire.

Propose-t-on de rendre *l'arbitrage obligatoire* ? A l'Assemblée tenue en 1927, le ministre anglais des Affaires étrangères explique loyalement qu'il ne peut accepter : il n'admet pas que l'arbitrage puisse ainsi, par voie de conséquence, devenir obligatoire entre la Grande-Bretagne et l'un de ses dominions. Précédemment (à Locarno), il s'est engagé à garantir les frontières occidentales fixées à l'Allemagne par le traité de Versailles : il ne saurait faire plus : « Il ne faut pas, dit-il, demander l'impossible même pour la Société des Nations. Je ne consentirais pas, par des promesses inconsidérées, à détruire cette vieille Ligue des nations qu'est l'Empire britannique ». Et les ministères peuvent changer, l'objection se reproduit, car elle tient aux conditions mêmes de l'existence nationale ; le gouvernement conservateur parle comme le chef du ministère radical anglais a parlé en 1925. — Tandis qu'en France, les hommes d'État ou les délégués à la Société des Nations réclament des garanties de sécurité, quelle que soit leur opinion politique : en 1927, en février et mars 1928, c'est la thèse soutenue inlassablement par MM. Briand et Paul-Boncour.

POUR PRÉVENIR LES GUERRES

Sur une question de cette importance, nous voudrions donner une vue d'ensemble des controverses et des actes de la Société des Nations. Ce qui surviendra plus tard sera par ce résumé plus facile à comprendre et à apprécier.

Première phase : 1919. — Les Puissances alliées et associées *imposent à l'Allemagne des clauses militaires, navales et aériennes :* elle n'aura pas une armée de plus de 100.000 hommes, une flotte de plus de 6 cuirassés, 6 croiseurs légers, 12 torpilleurs ; elle n'aura plus d'aviation de guerre. Ces mesures sont prescrites, non à titre de châtiment, mais « en vue de rendre possible la préparation d'une limitation générale des armements de toutes les nations ». (Quand l'Allemagne sera entrée à la Société des Nations, elle n'oubliera pas de faire valoir cette considération.)

Comme application de ce principe, les mêmes puissances signent le 10 septembre 1919 la Convention de Saint-Germain pour organiser le *contrôle du commerce des armes.* — Mais la Convention devient caduque par le refus des États-Unis d'approuver leur Président.

Deuxième phase : 1920 et 1921. — La Société crée une Commission de techniciens chargée d'étudier le *problème de la réduction des armements ;* une Commission formée de personnalités compétentes en matière politique, économique et sociale, de trois délégués patronaux et de trois délégués ouvriers du Bureau international du Travail, pour examiner les multiples aspects économiques de la question. Mais en voulant commencer par le désarmement, on se heurte aux objections, aux difficultés que nous avons signalées.

Troisième phase : 1922 et 1923 : Projet d'« assistance mutuelle ». — Puisque la réduction des armements a pour condition des garanties de sécurité, l'Assemblée s'occupe des *garanties*. Grand débat en septembre 1922. La thèse française, présentée par M. de Jouvenel, se heurte à la thèse anglaise soutenue par lord Robert Cecil. La première était celle des *accords particuliers entre États exposés aux mêmes dangers*, déterminant les conditions de leur entr'aide. La seconde préconisait un *traité général de sécurité commune*, en faisant valoir le péril éventuel d'accords particuliers, en principe défensifs, mais pouvant évoluer de façon dangereuse.

Assemblée de septembre 1923 : on admet que les deux systèmes peuvent être combinés et ils le sont dans un projet d'assistance mutuelle qui est adopté d'enthousiasme. Noble et viril projet !

« Les Hautes parties contractantes s'engagent individuellement et collectivement à *porter aide à l'une quelconque d'entre elles*, au cas où elle serait victime d'une guerre d'agression, à condition qu'elle se soit conformée aux dispositions du présent traité en ce qui concerne la réduction ou la limitation des armements ».

Cinq ans après le traité de Versailles, le projet reprenait donc, avec plus de force, le principe de l'article 10 du Pacte : en cas d'agression, de menace ou de danger d'agression, rechercher les moyens de maintenir l'intégrité territoriale et l'indépendance politique des États Membres.

Malheureusement, les Gouvernements n'acceptèrent pas.

Quatrième phase : 1924 : Le Protocole. — C'était un insuccès, mais non un acte inutile : la question se posait devant l'opinion, elle se précisait aux yeux des hommes politiques et des juristes. Elle se retrouva, naturellement, devant l'Assemblée de 1924, mais élargie, par le groupement de trois termes, trois ordres de faits : *arbitrage, sécurité* et *désarmement* (ou plutôt, on le sait, réduction des armements).

Jamais Genève n'avait vu se réunir autant de minis-

tres et même on y trouvait trois présidents de Conseils
de ministres : ceux d'Angleterre, de France, de Danemark. On soumit à l'examen le « Protocole pour le
règlement des différends internationaux », — le *Protocole de Genève*.

Pour le comprendre, reportons-nous aux causes qui
font que les particuliers ne sont plus obligés de se
faire justice par eux-mêmes et qu'ils ont « désarmé » :
c'est que la collectivité les protège contre les agres-
sions et qu'ils peuvent s'adresser en cas de désaccord
aux tribunaux.

Dans le protocole, mêmes principes : les États signa-
taires s'engagent à reconnaître comme obligatoire la juri-
diction de la Cour permanente de Justice dans des cas
déterminés ; à accepter l'arbitrage pour tous les cas en
dehors du ressort de la Cour ; à considérer comme agres-
seur tout État ayant recours à la guerre en violation
de ses engagements ; à coopérer loyalement pour dé-
fendre le Pacte. Une conférence spéciale devait arrêter
un plan de réduction des armements dès que les gouvernements en majorité auraient ratifié le Protocole [1].

Mais à Genève même, le Protocole souleva des objections, particulièrement de la part de l'Angleterre. A
quelques mois d'intervalle, on put constater une opposition anglaise aussi forte de la part de M. Chamberlain, ministre d'un cabinet conservateur, qu'elle l'avait
été de la part de M. Ramsay Mac Donald. Premier ministre radical. En septembre, celui-ci avait été jusqu'à exprimer la conviction que, si certaines obligations étaient imposées, « il s'ensuivrait le démembrement de la Société des Nations et un grand nombre de

1. On voit le progrès sur le Pacte qui ne stipule : ni
l'obligation de l'arbitrage, ni les sanctions qui seraient
nécessaires pour faire exécuter les décisions du Conseil —
et qui autorise (tacitement) le recours aux armes si dans
un conflit le Conseil n'est pas unanime à prendre sa décision. — Comme on l'a dit, le Protocole bouche les
fissures du Pacte par lesquelles la guerre pourrait passer,

Nations qui resteraient affiliées feraient de telles réserves que l'obligation assumée par elle n'aurait plus aucune valeur ».

Et à la session du Conseil de mars 1925, M. Chamberlain disait : « L'insistance avec laquelle on parle à nouveau des sanctions, les occasions nouvelles que l'on découvre pour leur emploi, l'élaboration d'une procédure militaire, suggèrent l'idée que l'objet essentiel de la Société n'est pas tant de développer une coopération amicale dans la conduite des affaires internationales que de maintenir la paix en organisant la guerre, et peut-être la guerre sur un plus grand pied ».

Tandis que le président du Conseil des Ministres de France, M. Herriot, résumait éloquemment la doctrine française dans ce passage : « Pour nous, Français, ces trois termes : arbitrage, sécurité, désarmement, sont solidaires, et ces trois mots ne seraient que de vaines abstractions s'ils ne recouvraient des réalités vivantes qui fussent les créations de nos communes volontés ».

...Le protocole fut *signé par vingt États, mais ratifié par un seul :* la déception fut profonde parmi les amis de la paix. Toutefois, un principe fécond avait été lancé dans le monde et ne devait pas se perdre. D'ailleurs, au cours des négociations, l'Angleterre, *reprenant à son tour une conception précédente de la France,* exposait que la meilleure méthode était de compléter le Pacte par la conclusion d'*arrangements spéciaux* destinés à faire face à des nécessités spéciales, conçus dans l'esprit du Pacte et devant être exécutés en étroite harmonie avec la Société des Nations et sous sa direction : on allait en avoir presque sans délai un exemple éclatant ; l'« esprit » de paix de Genève trouva son application à Locarno.

Cinquième phase : 1925 : Les accords de Locarno. — Cette petite ville des bords du lac Majeur acquit une célébrité mondiale pour avoir vu se conclure des accords d'importance exceptionnelle pour la paix :

1° un traité entre l'Allemagne (non encore entrée dans la Société des Nations), la Belgique, la France, la Grande-Bretagne et l'Italie ;

2° des conventions d'arbitrage entre l'Allemagne, et, d'autre part, la Belgique, la France, la Pologne, la Tchéco-Slovaquie.

Il suffira pour comprendre l'intérêt de ces actes d'en voir les principales dispositions :

Garantie du maintien du *statu quo* territorial des frontières entre l'Allemagne, la Belgique et la France ;

Engagement de ces puissances de ne se livrer à aucune attaque ou invasion et de ne recourir, de part et d'autre, en aucun cas à la guerre entre eux ;

Engagement de toutes les puissances énumérées de régler par voie pacifique toutes questions qui viendraient à les diviser.

N'est-il pas vrai que si ces principes sont observés, c'est un avenir de paix qui se prépare pour une grande partie de l'Europe ?

De plus, des accords étaient signés entre la France et la Pologne, la France et la Tchéco-Slovaquie : accords d'assistance mutuelle en application du Pacte et dans l'esprit de la Société des Nations.

« C'est, dit M. Paul Boncour, délégué de la France, pour la Société des Nations, la plus belle récompense puisque le fond même de sa doctrine et de son utilité reçoit sa consécration aujourd'hui ».

Sixième phase : Après Locarno. — Entrée à la Société des Nations en 1926, l'Allemagne insista pour qu'on préparât le désarmement : elle faisait valoir qu'ayant, elle, désarmé, d'après le traité de Versailles, les autres nations pouvaient — devaient — désarmer à leur tour.

D'autre part, depuis 1919, des études techniques sur les conditions du désarmement étaient poursuivies sans relâche par les services, les Commissions de la Société des Nations, et, de plus en plus, l'opinion suivait les controverses. Les représentants français insistaient sur la volonté de paix de leur pays, mais revenaient avec force sur la sécurité nécessaire, question de vie ou de mort pour les nations qui désarmeraient. Ils faisaient ressortir que, même en ayant beaucoup réduit ses armements, un pays à population nombreuse et de grande industrie peut rapidement être en situation d'en accabler un autre, sa métallurgie, son industrie chimique, son aviation, étant transformables en peu de temps en fabrications ou en moyens de guerre. Ils réclamaient, en conclusion, *l'organisation internationale de la sécurité* et, en matière de désarmement, *la proportion des réductions ou limitations à la sécurité effectivement garantie.*

Septième phase : 1927 et 1928. — L'Assemblée de septembre 1927 vota une résolution dans ce sens. Il s'y produisit un fait significatif — considérable —: la Suède, la Hollande, la Pologne demandèrent, avec une énergie particulière, que l'on fît un grand effort pour hâter la solution du problème posé à Genève depuis 1920.

On peut dire que les derniers mois de 1927 ont vu la politique de paix se fortifier, se préciser à Genève. Si l'on tenait à caractériser l'Assemblée de 1927 par une formule, on pourrait dire *qu'elle fut celle qui déclara la guerre à la guerre.*

Elle adopta à l'unanimité et par acclamations la déclaration suivante : *Toute guerre d'agression est et demeure interdite. Tous les moyens pacifiques doivent être employés pour le règlement des différends entre Etats. Il y a obligation pour les Etats Membres de la Société des Nations de se conformer à ces deux principes.*

Sur les propositions *allemande, française* et hollandaise, l'Assemblée a recommandé : le recours à l'arbitrage, les accords entre Etats « afin d'étendre à tous les Etats la confiance mutuelle nécessaire à la réduction des armements ».

En même temps, elle insistait sur la nécessité d'activer

la préparation du désarmement. En décembre 1927[1] et dans les premiers mois de 1928 cette question était étudiée de nouveau au Comité de sécurité et d'arbitrage en vue de préparer une grande *Conférence de désarmement.*

L'année 1927 et les premiers mois de l'année 1928 ont été caractérisés, pour la Société des Nations, par une grande activité qu'il importe de mettre en évidence.

Comme le rappelle le *Résumé mensuel* de janvier 1928, un travail intense a été accompli en 1927, le Conseil de la Société des Nations a tenu quatre sessions ; il y a eu cinq Conférences internationales, de nombreuses réunions de Comités, de Commissions « si bien qu'il ne se passa pas une semaine sans que, sur quelque point de l'Europe, parfois même de l'Amérique latine ou de l'Extrême-Orient, ne se tînt une réunion convoquée par la Société des Nations ».

Dans les domaines techniques, les États-Unis, la Russie, la Turquie, l'Égypte collaborèrent, pour la première fois, le Mexique envoya des « observateurs ».

A Genève se réunirent huit ministres des Affaires étrangères, deux chefs d'États ; l'Assemblée de septembre comptait vingt ministres des Affaires étrangères, — presque tous ceux de l'Europe.

Nous avons fait connaître les résolutions de cette Assemblée, notamment sa déclaration contre les guerres d'agression et pour l'arbitrage M. Briand a signalé les circonstances de cette déclaration. « Elle n'a pas, dit-il, été votée à main levée, d'une manière plus ou moins anonyme : on a vu le représentant de chaque nation

---

1. A la réunion du Comité de sécurité en décembre 1927, la Russie avait envoyé à titre d'observateur le ministre des Affaires étrangères, M. Litvinov, qui présenta la thèse du désarmement complet, à réaliser à bref délai, sans attendre que des mesures de sécurité aient été prises. Cette thèse a été écartée par le Comité. Relevons, à l'occasion de cette question du désarmement, les rôles très importants joués à Genève par les États scandinaves, par la Hollande et par les États dits de la « Petite Entente », Tchéco-Slovaquie, Yougo-Slavie et Roumanie.

venir la formuler, nominativement, à la tribune, y compris les représentants de l'Allemagne et de la Grande-Bretagne. »

Les discussions qui ont eu lieu dans les mois suivants au Comité de Sécurité (ou Commission du désarmement) prouvent la volonté ferme de ne pas s'en tenir à une motion générale, mais de faire sur ce sujet une étude technique approfondie et aussi un examen sincère des conditions politiques du désarmement et des traités particuliers d'arbitrage entre Etats [1].

Il faut enfin signaler la proposition française d'arbitrage adressée dès juin 1927 aux Etats-Unis et qui a donné lieu en 1928 à un échange de notes. L'adoption du principe de recourir à l'arbitrage en cas de différends entre les deux pays est naturellement importante en elle-même, mais le projet français, élargissant la question, comporte la condamnation de la guerre d'agression : on voit les rapports entre cette proposition et la déclaration de l'Assemblée de Genève. Ce serait un grand fait que l'engagement des Etats-Unis de répudier toute guerre d'agression, engagement qui s'ajouterait, en réalité, aux accords et au Pacte de la Société des Nations, et qui constituerait, en tous cas, un grand exemple pour le monde entier [2].

---

1. C'est à la session de décembre de ce Comité qu'a été porté le différend entre la Pologne et la Lithuanie.

2. A la proposition française, les Etats-Unis ont répondu par un projet substituant à un traité entre eux et la France seuls un traité « multilatéral » entre toutes les principales puissances, traité qui condamnerait, non seulement les guerres d'agression mais toute guerre (c'est-à-dire, implicitement, même la guerre qui aurait pour objet de secourir la victime d'une agression). Dans une note du 15 janvier, le gouvernement français, se déclarant prêt à s'associer à toute condamnation de la guerre, rappelle qu'il a contracté comme membre de la Société des Nations des engagements et obligations en vue de la sécurité et que c'est la « guerre d'agression » que la Société a condamnée». Le traité d'arbitrage a été signé en février.

CONCLUSION

Dans un récent article d'une grande revue, on lit :
« Les détracteurs les plus résolus de la Société des
Nations ne peuvent, après huit ans, méconnaître que,
si l'effort d'organisation dont elle est née, aboutissait à
un fiasco, il disparaîtrait de la terre une grande illusion peut-être, mais à coup sûr une grande espérance ».
(*Revue des Deux-Mondes*, 1er octobre 1927).

Nous avons fait notre possible pour montrer que
l'effort de la Société des Nations est une réalité et
qu'il a obtenu sur beaucoup de points des résultats heureux. Mais nous retenons l'affirmation qu'il est une
grande espérance. Il l'est par ces résultats eux-mêmes;
il l'est aussi par l'état d'esprit qu'il répand peu à
peu dans le monde. Ce n'est pas seulement ce qui se
dit, ce qui se fait à Genève qui est important : c'est
aussi, c'est surtout la propagation de l' « esprit de Genève » dans une grande partie des foules. Celles-ci
connaissent trop peu la Société des Nations et ainsi
s'expliquent des erreurs et des exagérations, dans un
sens ou dans un autre, sur son rôle. Mais c'est déjà un
grand fait qu'aux heures inquiétantes, elles pensent instinctivement à la Société des Nations.

Dans un monde où subsistent tant de causes de conflits, où d'autres causes surgissent, il y a pourtant un
foyer de la paix, un centre d'action pour la paix :
chose nouvelle dans l'humanité qu'un groupement de
plus de cinquante Etats où l'on ne parle de la guerre
que pour chercher les moyens de l'empêcher !

Ce foyer, il dépend de nous tous qu'il soit entretenu,
avivé. Et, si ce livre a été écrit pour le faire connaître, son but dernier est de convaincre que nous
avons un grand devoir à remplir si nous voulons contribuer à la paix.

Il y a dans beaucoup d'esprits une tendance naturelle à vouloir aux questions difficiles une solution qui les dispense de faire des efforts.

Ici, une partie du public attend tout, pour la sécurité de son pays et pour l'organisation de la paix, de ses hommes d'Etat et de la Société des Nations, et cette attitude est, il faut le dire, dangereuse, car, en ce qui concerne la Société des Nations, sa principale force est dans la collaboration des peuples avec elle. Qu'on nous permette de rappeler la parole de Léon Bourgeois, citée au début de ces pages : « Il faut que du foyer des âmes sincères montent... la chaleur et la vie. »

QUE POUVONS-NOUS ?

Quels enseignements peuvent être tirés d'une étude de la Société des Nations montrant à la fois les services rendus, les services à attendre et les difficultés rencontrées, ainsi que celles qu'il faut prévoir ? Ces enseignements se rapportent tous à la nécessité pour tous de collaborer à l'œuvre de paix. Quelque modeste que soit notre rôle, il ne sera jamais sans utilité, car chacun de nous représente un élément de cette opinion à laquelle la Société des Nations, par son existence même, par tous ses actes, fait un appel permanent.

Or, de quelque nation que l'on soit, quel être humain, de bon sens et de cœur, peut rester indifférent à la cause de la paix ? Quel patriotisme ne trouverait son compte dans le succès des efforts pacifiques ? N'a-t-on pu constater qu'à chaque page de son histoire, la Société des Nations a uni l'idée de la paix du monde à celle du respect et de la sécurité des patries ? Si l'on considère en particulier le rôle de la représentation française à Genève, avec quelle force, depuis les débuts, a-t-elle affirmé à la fois son désir de paix et le besoin de sécurité de la France ? Et, de même, toutes les croyances religieuses peuvent se rencontrer sur ce terrain, et en même temps, les convictions qui se réclament de l'idée laïque ; les associations pour la paix diffèrent à bien des égards en d'autres points et pourtant collaborent sur celui-ci.

Que peut-on souhaiter en ce qui concerne l'opinion publique ? C'est, nous semble-t-il : que chacun se rende compte de la complexité des tâches de la Société des Nations et du Bureau International du Travail; que, par suite, nous ayons dans les moments difficiles, la patience nécessaire ; que, convaincus de la solidarité entre les nations et des devoirs de chacun, nous arrivions à n'avoir pas à l'égard des autres peuples des sentiments hostiles pour la seule raison qu'ils sont étrangers à notre pays. Toute accusation générale contre tout un peuple est presque toujours injuste : Or, — et sans doute dans tous les pays — il s'en porte de semblables : nous avons tort d'englober tel peuple dans une accusation de politique égoïste, comme il est injuste qu'en tel pays les journaux dénoncent ce qu'ils appellent l'impérialisme français.

Il faudrait, d'autre part, si des heures se présentaient où l'horizon fût assombri par des menaces de guerre, faire jusqu'à l'extrême limite preuve du sang-froid qui évite les actes irréparables. « Dans toutes les circonstances où la guerre a éclaté, dit M. Briand, c'est que, par une sorte de folie mystique qui exclut la raison, un peuple se jette sur un autre avant d'avoir pu même réfléchir ».

En un mot, que chacun mette au service de la cause de la paix tout ce qu'il a de bon sens, de sentiment de justice, qu'il veuille le respect des droits de tous les pays, ce qui comprend, naturellement, le respect par les autres peuples des droits de sa nation. Or, une grande œuvre existe qui se propose de marcher vers ce but : qu'il lui apporte l'appui nécessaire pour un succès sans lequel demain sera pour nous encore plus terrible que l'a été hier. Quelqu'un parlant des accords signés pour la paix entre des peuples a dit : « Que deviendront les frontières do papier si uno rafalo survient ? ». Ne pourrait-on croire qu'elles tiendront — ou même que la rafale ne se produira pas — si derrière ces frontières il y a un assez grand nombre de volontés de paix et de justice ?

A LIRE :

Les Résumés mensuels des travaux de la Société des Nations ;

La collection de l'« *Europe Nouvelle* » ;

L'« *Esprit international* », Revue publiée par la Dotation Carnegie ;

La « *Paix par le Droit* » ;

Les articles des grandes revues ;

GEORGES SCELLE : *L'Allemagne et la crise de la Société des Nations en 1926.*

LÉON BOURGEOIS : *La Société des Nations ;*

Les publications de l'Association pour la S. D. N. ;

Les publications de l'Institut de Coopération intellectuelle ;

Les universités et la vie sociale en France, par J. LUCHAIRE ;

Les publications du Bureau international du Travail, notamment :

La *Revue internationale du Travail* (mensuelle) ;

Les *Informations sociales* (hebdomadaire) ;

Parmi les ouvrages étrangers :

World Peace Foundation : *Yearbooks of the League of Nations 1920 1926 ;*

League of Nations : American cooperation with the League of Nations ;

Harley : *The League of Nations*, New-York.

TABLE DES MATIÈRES

TROISIÈME PARTIE

Les efforts pour préparer la paix de l'avenir.

Imp. E. Jolibois, s. à R. L., Bar-le-Duc. — 3-1928

BIBLIOTHÈQUE des CHERCHEURS et des CURIEUX

Organisation du travail intellectuel, CHAVIGNY.

La Vie des Mots, A. DARMESTETER.

Traité pratique de Prononciation française, M. GRAMMONT.

Ne dites pas... mais dites..., E. LE GAL.

Ne confondez pas..., LE MÊME.

Speak French correctly ! G. DESFEUILLES et E. LE GAL.

Echt Französische Sprechen ! LES MÊMES.

Deux cents Locutions et Proverbes, EMAN MARTIN.

Vérités et Paradoxes, F. PASSY.

Origine et évolution des Noms de Personnes, A. DAUZAT.

Origine et évolution des Noms de Lieux, LE MÊME.

Les Patois, LE MÊME.

Apprenons la grammaire, TRIBOUILLOIS et ROUSSET.

Exercez votre Mémoire, G. ART.

Pour parler correctement, LE MÊME.

L'Art de former une bibliothèque, E. HENRIOT.

Nos grands savants, E. LE GAL et L. KLOTZ.

Imp. DELAGRAVE, Paris (1-15).

www.ingramcontent.com/pod-product-compliance
Lightning Source LLC
LaVergne TN
LVHW021036050726
842519LV00003B/892